300 tests
D'ESPAGNOL

Juan CÓRDOBA

Module 1
ESENCIALES

Tema La ponctuation et l'orthographe

Cochez les traductions correctement ponctuées.

1. Très bien !
   - A ¡Muy bien!
   - B Muy bien.
   - C Muy bien!

2. Vrai ou faux ?
   - A Verdad o mentira?
   - B ¿Verdad o mentira.
   - C ¿Verdad o mentira?

Corrigé page 10

3. Salut Laura, tu es espagnole?
   - A ¿Hola, Laura, eres española?
   - B Hola, Laura, ¿eres española?
   - C Hola, Laura, eres española?

Cochez les traductions correctement orthographiées.

1. Une jolie profession.
   - A Una bonita professión.
   - B Una bonita profesión.

2. Je suis professeur.
   - A Soy professor.
   - B Soy profesor.

3. Oui, d'accord.
   - A Sí, de accuerdo.
   - B Sí, de acuerdo.

Tema Les salutations

Corrigé page 10

Complétez ces formules de salutation.

1. Buenas ...
   - A noche.
   - B noches.
   - C nochas.

2. ... días.
   - A Buenas
   - B Buen
   - C Buenos

3. Buenas ...
   A tardes. B tarde. C tardos.

Tema Le verbe *ser*

Dans ces phrases, à quel pronom personnel associez-vous le verbe ***ser****, être ?*

Corrigé page 10

1. Es española.
   A Tú B Él C Ella
2. Eres profesor.
   A Yo B Tú C Él
3. No soy guapo.
   A Yo B tú C Ella
4. No es francés.
   A Yo B Él C Ella

Complétez ces phrases avec le verbe adéquat.

1. ... en Madrid.
   A Soy B Nací
2. ... Ibiza.
   A Eres B Eres de
3. ... español.
   A Es de B Es
4. ... de Nueva York.
   A Nací B Soy
5. ... París.
   A Soy B Soy de

Module 1
ESENCIALES

Tema Les verbes en *-ar* (1er groupe)

Choisissez la bonne réponse à la question pour construire un échange cohérent. On considère que les personnes se tutoient.

Corrigé page 10

1. ¿Hablo bien español?
   - A Sí, habla bien español.
   - C Sí, hablas bien español.
   - B Sí, hablo bien español.

2. ¿Dónde trabaja la madre de Laura?
   - A Trabaja en Francia.
   - C Trabajo en Francia.
   - B Trabajas en Francia.

3. ¿Cómo te llamas?
   - A Se llama Juan.
   - C Me llamo Juan.
   - B Te llamas Juan.

4. ¿Estudias idiomas?
   - A Sí, estudia idiomas.
   - C Sí, estudias idiomas.
   - B Sí, estudio idiomas.

5. ¿Cómo me llamo?
   - A Te llamas Juan.
   - C Se llama Juan.
   - B Me llamo Juan.

Tema Le masculin et le féminin

Corrigé page 10

Complétez les exclamations avec l'adjectif qui convient.

1. ¡Qué ... idioma!
   - A bonito
   - B bonita

2. ¡Qué ... ciudad!
   - A bonito
   - B bonita

3. ¡Qué ... día!
   A bonito — B bonita

4. ¡Qué ... nombre!
   A bonito — B bonita

5. ¡Qué ... profesora!
   A buena — B bueno

Tema L'adjectif de nationalité

Corrigé page 10

Complétez avec l'adjectif qui convient.

1. Gina es un nombre ...
   A italiano. — B italiana.

2. Marsella es una ciudad ...
   A francés. — B francesa.

3. Mi madre es ...
   A español. — B española.

4. Mi profesora es ...
   A alemán. — B alemana.

5. Franck es de Bruselas. Es ...
   A belgo. — B belga.

6. El dólar es la moneda ...
   A estadounidense. — B estadounidensa.

7. El profesor es...
   A chino. — B china.

8. Lisboa es la capital...
   A portugués. — B portuguesa.

Module 1
ESENCIALES

Tema Coordonner deux phrases simples

Choisissez la bonne conjonction de coordination pour les phrases suivantes.

Corrigé page 10

1. Hablo inglés ... no hablo alemán.
   A y también B pero
2. Estudia chino ... italiano.
   A y también B pero
3. Hablar idiomas es bonito ... es útil.
   A y también B pero
4. No nací en España ... hablo bien español.
   A y también B pero
5. Se llama Carmen ... no es española.
   A y también B pero

Tema Les prénoms

Voici la version affectueuse de quelques prénoms courants. Associez-la à son correspondant.

Corrigé page 10

1. Paco
   A Pedro B Antonio C Francisco
2. Lola
   A Carmen B Dolores C María
3. Pepe
   A Juan B Miguel C José
4. Nacho
   A Ignacio B Carlos C Daniel
5. Charo
   A Rosario B Carola C Mercedes

Verbes

ser	*être*
estudiar	*étudier*
hablar	*parler*
llamarse	*s'appeler* À noter : à l'infinitif des verbes pronominaux, le pronom personnel s'accroche à la fin de la forme verbale.
nacer	*naître* À noter : **nací**, *je suis né(e)* est un passé simple.
trabajar	*travailler*

3 premières personnes du présent indicatif

verbe irrégulier	verbes réguliers en **-ar**	
ser	**hablar**	**llamarse**
soy	**hablo**	**me llamo**
eres	**hablas**	**te llamas**
es	**habla**	**se llama**

Mots interrogatifs et exclamatifs

Ils portent toujours un accent écrit.

¡Qué...!	*Que... !, Quel... !, Quelle... !*
¿Dónde...?,	*Où... ?*
¿De dónde...?	*D'où... ?*
¿Cómo...?	*Comment... ?*

Pronoms personnels

yo	*je, moi*
tú	*tu, toi*
él	*lui, il*
ella	*elle*

Module 1
ÚTILES

Conjonctions de coordination

y	*et*
o	*ou*
pero	*mais*

Adverbes et locutions adverbiales

Sí	*Oui*
No	*Non*
De acuerdo	*D'accord*
también	*aussi*
bien	*bien*
muy bien	*très bien*

Pour saluer

Hola	*Salut* À noter : formule très courante, qui ne suppose pas une familiarité très poussée.
Buenos días	*Bonjour*
Buenas tardes	*Bonjour, Bonsoir* À noter : l'heure du déjeuner marque grosso modo l'entrée dans **la tarde**, *l'après-midi, la soirée.*
Buenas noches	*Bonsoir, Bonne nuit* À noter : quand la nuit est tombée. Mais n'implique pas forcément que l'on va se coucher !

Langues et nationalités

Comme en français, le même adjectif sert à dire la langue et la nationalité. En revanche, lorsqu'il s'agit d'un nom, l'espagnol reste en minuscule alors que le français met une majuscule initiale : **un español**, *un Espagnol*.

alemán, alemana	*allemand/e*
belga (inv.)	*belge*

chino/a	*chinois/e*
español/a	*espagnol/e*
estadounidense (inv.)	*des États-Unis*
francés, francesa	*français/e*
inglés, inglesa	*anglais/e*
italiano/a	*italien/ne*
portugués, portuguesa	*portugais/e*

Noms

el día	*le jour*
la tarde	*l'après-midi, la soirée*
la noche	*la nuit*
el nombre	*le prénom*
el idioma	*la langue*
la madre	*la mère*
la ciudad	*la ville*
la profesión	*la profession*
el profesor	*le professeur*
la profesora	*la professeure*
la mentira	*le mensonge*
la verdad	*la vérité* **À noter :** à la forme interrogative, **¿Verdad?** signifie *N'est-ce pas ?*

Adjectifs

guapo/a	*beau, belle*
bonito/a	*joli/e*

Module 1
CORRIGÉ

ESENCIALES

PAGE 2

La ponctuation et l'orthographe

1 A | 2 C | 3 B

1 B | 2 B | 3 B

Les salutations

1 B | 2 C | 3 A

PAGE 3

Le verbe ***ser***

1 C | 2 B | 3 A | 4 B

1 B | 2 B | 3 B | 4 B | 5 B

PAGE 4

Les verbes en ***-ar*** (1er groupe)

1 C | 2 A | 3 C | 4 B | 5 A

Le masculin et le féminin

1 A | 2 B | 3 A | 4 A | 5 A

PAGE 5

L'adjectif de nationalité

1 A | 2 B | 3 B | 4 B | 5 B | 6 A | 7 A | 8 B

PAGE 6

Coordonner deux phrases simples

1 B | 2 A | 3 A | 4 B | 5 B

Les prénoms

1 C | 2 B | 3 C | 4 A | 5 A

VOTRE SCORE :

Vous avez obtenu entre 0 et 8 ? ¡Ay, ay, ay! Il faut reprendre les bases. Revoyez chaque question en prenant un ouvrage de référence de niveau A2, comme Objectif Langues (Assimil).

Vous avez obtenu entre 9 et 17 ? Muy justito... C'est encore assez moyen. Voyez quels sont vos points faibles et cherchez une aide, si besoin, dans un ouvrage de référence.

Vous avez obtenu entre 18 et 26 ? No está mal, pero... Analysez vos erreurs (conjugaison, grammaire, vocabulaire...) pour faire porter vos efforts précisément sur ces points.

Vous avez obtenu entre 27 et 35 ? Enhorabuena. Vous avez d'assez bonnes bases. Ouvrez l'œil : vous perdez sans doute des points sur des fautes d'attention.

Vous avez obtenu 36 et plus ? ¡Eres un auténtico fenómeno! Fin prêt pour les niveaux suivants !

Tema L'accent tonique et l'accent écrit

Sur quelle syllabe (soulignée) insisteriez-vous dans la prononciation des mots suivants ?

Corrigé page 19

1. Madrid
   - A Madrid
   - B Madrid
2. mujer
   - A mujer
   - B mujer
3. edad
   - A edad
   - B edad
4. periodista
   - A periodista
   - B periodista
5. comercio
   - A comercio
   - B comercio
6. agricultor
   - A agricultor
   - B agricultor

Entre crochets, la syllabe tonique est soulignée. Faut-il ou non écrire l'accent sur le mot ?

1. [aleman]
   - A aleman
   - B alemán
2. [francesa]
   - A francesa
   - B francésa
3. [Paris]
   - A Paris
   - B París
4. [Carmen]
   - A Cármen
   - B Carmen
5. [Angel]
   - A Ángel
   - B Angel
6. [Ortiz]
   - A Ortiz
   - B Ortíz

Module 2
ESENCIALES

Tema L'accent tonique et l'accent écrit

Le mot manquant de chaque phrase doit-il ou non porter l'accent écrit ?

Corrigé page 19

1. La reina de España tiene dos hijas, ... yo.
   - A como
   - B cómo
2. ... rey de España se llama Felipe.
   - A El
   - B Él
3. Yo soy funcionario, ¿y ...?
   - A tu
   - B tú
4. No estoy casada con ...
   - A el.
   - B él.
5. Y ... marido, ¿a qué se dedica?
   - A tu
   - B tú
6. Dime ... es vivir en Madrid.
   - A como
   - B cómo

Tema Compter jusqu'à 100

Cochez le chiffre qui manque dans chaque série logique.

Corrigé page 19

1. cinco – diez – ¿? – veinte
   - A cincuenta
   - B quince
   - C dieciséis
2. ¿? – veinticuatro – cuarenta y ocho – noventa y seis
   - A ocho
   - B dos
   - C doce
3. ochenta y ocho – ¿? – veintidós – once
   - A catorce
   - B cuarenta y cuatro
   - C treinta y cuatro
4. setenta y siete – sesenta y nueve – sesenta y uno – ¿?
   - A cincuenta y tres
   - B treinta y cinco
   - C noventa y cinco

Tema Questions personnelles

Cochez, pour chaque question, la réponse qui convient.

Corrigé page 19

1. ¿En qué trabajas?
   - A Juan Pérez López.
   - B Soy empleado.
   - C Inglés y francés.

2. ¿Qué edad tienes?
   - A Tengo treinta y ocho años.
   - B Tengo tres hijos.
   - C No, estoy desempleado.

3. ¿A qué te dedicas?
   - A En Madrid.
   - B Sí, tengo un buen empleo.
   - C Trabajo en la enseñanza.

4. ¿Cuántos años tienes?
   - A Setenta.
   - B Dos, un hijo y una hija.
   - C No, no tengo trabajo.

5. ¿Estás casado?
   - A Sí, tengo dos casas.
   - B Sí, soy ama de casa.
   - C Sí, y tengo dos hijas.

Tema *Ser* et *estar*

Complétez avec l'un des deux verbes proposés.

Corrigé page 19

1. Letizia Ortiz ... la reina de España.
   - A es
   - B está

2. Tú ... Paco, ¿verdad?
   - A eres
   - B estás

3. ... casada con un profesor.
   - A Estoy
   - B Soy

4. No trabajas: ... desempleado.
   - A eres
   - B estás

5. Tengo un buen trabajo: ... periodista.
   - A soy
   - B estoy

Tema Verbes *hacer*, *tener*, *ver*, *vivir*

Complétez avec l'un des deux verbes proposés.

Corrigé page 19

1. ¿A cuántas preguntas ... derecho?
   - A hago
   - B tengo

2. ¿Dónde ...?
   - A vives
   - B haces

3. ¿Quién ...?
   - A eres
   - B tienes

4. ¿Qué ... tu marido?
   - A está
   - B hace

5. ... tres casas.
   - A Vivo
   - B Veo

6. ... en Sevilla.
   - A Vive
   - B Ve

Tema Un peu de vocabulaire

Cochez les bonnes traductions.

Corrigé page 19

1. Je suis marié avec une agricultrice.
   - A Estoy marido con una agricultora.
   - B Soy marido con una agricultora.
   - C Estoy casado con una agricultora.

2. Ma fille a l'âge de ton fils.
   - A Mi hija tiene la edad de tu hijo.
   - B Mi hija tiene el edad de tu hijo.
   - C Mi hija tiene el año de tu hijo.

3. Dis-moi ton nom de famille.
   - A Dime tu apellido.
   - B Dime tu nombre.
   - C Dime tu ama de casa.

Tema Masculin et féminin

Cochez le bon article. Il est possible que les deux soient corrects.

Corrigé page 19

1. rey
   - A el
   - B la
2. periodista
   - A un
   - B una
3. funcionario
   - A un
   - B una
4. hija
   - A el
   - B la
5. edad
   - A el
   - B la
6. año
   - A un
   - B una
7. mujer
   - A un
   - B una
8. agricultora
   - A el
   - B la

Module 2
ESENCIALES

Tema Interagir : se réjouir, se lamenter

Corrigé page 19

Comment réagiriez-vous à ces différentes nouvelles ?

1. Estoy desempleado.
   A ¡Enhorabuena! B ¡Qué lástima!
2. Tengo varias casas.
   A ¡Enhorabuena! B ¡Qué lástima!
3. Mi marido no tiene un buen empleo.
   A ¡Enhorabuena! B ¡Qué lástima!
4. Hablo diez idiomas.
   A ¡Enhorabuena! B ¡Qué lástima!

Verbe ÚTILES

dedicarse a	*se consacrer à*
estar	*être*
hacer	*faire*
tener	*avoir*
ver	*voir*
vivir	*vivre, habiter*

Mots interrogatifs

¡Quién?	*Qui ?*
¿Cuántos...?	*Combien de... + masculin pluriel ?*
¿Cuántas...?	*Combien de... + féminin pluriel ?*

La vie professionnelle

¿En qué trabajas?	*Tu travailles dans quoi ?*
¿A qué te dedicas?	*Tu fais quoi dans la vie ?*
el trabajo	*le travail*

el empleo	*l'emploi*
el desempleo	*le chômage*
desempleado/a	*chômeur / chômeuse*
funcionario/a	*fonctionnaire*
agricultor/a	*agriculteur / agricultrice*
empleado/a	*employé/e*
un/a periodista	*un/e journaliste*
una ama de casa	*une femme au foyer*
la enseñanza	*l'enseignement*
el comercio	*le commerce*

La famille

el hombre	*l'homme*
el marido	*le mari*
la mujer	*la femme*
el (la) hijo/a	*le fils, la fille*
casado/a	*marié/e*
estar casado/a con	*être marié/e avec*

Le nom et l'âge

el nombre	*le prénom*
el apellido	*le nom de famille* **À noter :** **el apellido** *est double en Espagne : on reprend le nom des deux parents.*
la edad	*l'âge*
el año	*l'année*
¿Qué edad tienes? ou **¿Cuántos años tienes?**	*Quel âge as-tu ?*
Tengo diez años	*J'ai dix ans.*

Module 2
ÚTILES

Compter jusqu'à 100

De 0 à 29, les chiffres s'écrivent en un seul mot ; à partir de 30, le groupe dizaine + unité s'écrit en 3 mots, avec un ***y*** *intercalé.*

0	**cero**	10	**diez**	20	**veinte**	30	**treinta**
1	**uno**	11	**once**	21	**veintiuno**	31	**treinta y uno**
2	**dos**	12	**doce**	22	**veintidós**	32	**treinta y dos ...**
3	**tres**	13	**trece**	23	**veintitrés**	40	**cuarenta**
4	**cuatro**	14	**catorce**	24	**veinticuatro**	50	**cincuenta**
5	**cinco**	15	**quince**	25	**veinticinco**	60	**sesenta**
6	**seis**	16	**dieciséis**	26	**veintiséis**	70	**setenta**
7	**siete**	17	**diecisiete**	27	**veintisiete**	80	**ochenta**
8	**ocho**	18	**dieciocho**	28	**veintiocho**	90	**noventa**
9	**nueve**	19	**diecinueve**	29	**veintinueve**	100	**cien**

Noms et adjectifs

el rey	*le roi*
la reina	*la reine*
varios, varias	*plusieurs*
la pregunta	*la question*
la casa	*la maison*
el derecho	*le droit*

Locutions conversationnelles

¡Enhorabuena!	*Félicitations !*
¡Qué lástima!	*Quel dommage !*

Module 2
CORRIGÉ

ESENCIALES

PAGE 11

L'accent tonique et l'accent écrit

1 B 2 B 3 B 4 A 5 A 6 B
1 B 2 A 3 B 4 B 5 A 6 A
1 A 2 A 3 B 4 B 5 A 6 B

PAGE 12

Compter jusqu'à 100

1 B 2 C 3 B 4 A

PAGE 13

Questions personnelles

1 B 2 A 3 C 4 A 5 C

Ser et ***estar***

1 A 2 A 3 A 4 B 5 A

PAGE 14

Verbes ***hacer***, ***tener***, ***ver***, ***vivir***

1 B 2 A 3 A 4 B 5 B 6 A

Un peu de vocabulaire

1 C 2 A 3 A

PAGE 15

Masculin et féminin

1 A 2 A B 3 A 4 B 5 B 6 A 7 B 8 B

PAGE 16

Interagir : se réjouir, se lamenter

1 B 2 A 3 B 4 A

Vous avez obtenu entre 0 et 10 ? **¡Ay, ay, ay!**

Vous avez obtenu entre 11 et 21 ? **Muy justito...**

Vous avez obtenu entre 22 et 32 ? **No está mal, pero...**

Vous avez obtenu entre 33 et 43 ? **Enhorabuena.**

Vous avez obtenu 44 et plus ? **¡Eres un auténtico fenómeno!**

Module 3
ESENCIALES

Tema Saluer, dire comment on va

Que répondriez-vous à chacune des phrases ? Reconstituez ces brefs échanges.

Corrigé page 28

1. ¿Qué tal?
   - A Me alegro.
   - B Regular, ¿y tú?
   - C No.

2. Encantado.
   - A ¿Vale?
   - B Sí.
   - C Mucho gusto.

3. ¿Cómo estás?
   - A Fenomenal.
   - B Muchas gracias.
   - C De acuerdo.

Exercice inverse. Nous donnons la réponse : à vous de dire quelle est la première phrase de l'échange.

1. Muy mal.
   - A Ni fu ni fa.
   - C Gracias.
   - B ¿Qué tal está tu madre?

2. ¡Hola, me alegro de verte!
   - A Bueno, vale.
   - C ¡Muy bien!
   - B ¡Muy buenas!

3. Tanto gusto.
   - A Encantada.
   - C Estoy fatal.
   - B ¿Estás bien?

Tema Le genre et le nombre des noms et des articles

Complétez avec l'article qui convient.

Corrigé page 28

1. ... profesores de matemáticas.
   - A Las
   - B Los
   - C La

2. ... delegada de clase.
   - A La
   - B El
   - C Las

3. ... buenas alumnas.
   - A El
   - B Los
   - C Las

4. Están prohibidos ... chicles.
   - A la
   - B los
   - C las

Complétez avec le couple d'articles qui convient.

Corrigé page 28

1. Soy ... enfermera ... instituto.
   - A el / de el
   - B a las / del
   - C la / del

2. Veo ... amigas ... señora del Pino.
   - A a las / de la
   - B las / dela
   - C los / de la

3. ¿Tienes ... número ... móvil de Pedro?
   - A al / de la
   - B las / del
   - C el / de

4. Tengo ... móviles ... enfermeros.
   - A a los / de las
   - B los / de los
   - C el / delos

Tema Les pronoms personnels sujets et les possessifs

Introduisez le mot manquant de façon à produire une phrase cohérente.

Corrigé page 28

1. ¿Es ... nuevo móvil?
   - A nosotros
   - B nuestro
   - C nuestra

2. ... son buenas alumnas.
   - A Ellas
   - B Su
   - C Sus

3. ¿A qué tenéis derecho ... en el instituto?
   - A vuestro
   - B vuestros
   - C vosotros

4. ... me alegro mucho de verte.
   - A Mi
   - B Mis
   - C Yo

5. ¿Quiénes son ... delegados?
   - A tú
   - B tu
   - C tus

6. Estoy casada con ...
   - A él.
   - B el.
   - C su.

Tema Le tutoiement et le vouvoiement

*À quel **tratamiento** les phrases suivantes sont-elles formulées : **de tú** (tutoiement) ou **de usted** (vouvoiement) ?*

Corrigé page 28

1. ¿Cómo se llama?
   - A de tú
   - B de usted

2. ¿De qué te alegras?
   - A de tú
   - B de usted

3. ¿Cómo está?
   - A de tú
   - B de usted

4. ¿Qué edad tiene?
   - A de tú
   - B de usted

5. Eres el bienvenido.
   - A de tú
   - B de usted

6. ¿Cuántos idiomas hablas?
   - A de tú
   - B de usted

Dans les phrases proposées, vous vous adressez à un groupe d'amis que vous tutoyez. Quelle sera la bonne formule ?

Corrigé page 28

1. Que faites-vous dans la vie ?
   - A ¿A qué os dedicáis?
   - B ¿A qué se dedican?

2. Où habitez-vous ?
   - A ¿Dónde vivís?
   - B ¿Dónde viven?

3. Comment allez-vous ?
   - A ¿Cómo están?
   - B ¿Cómo estáis?

4. D'où êtes-vous ?
   - A ¿De dónde son?
   - B ¿De dónde sois?

À l'inverse, vous vous adressez ici à une personne que vous vouvoyez. Choisissez la bonne formule.

Corrigé page 28

1. Êtes-vous infirmier ?
   - A ¿Es enfermero?
   - B ¿Eres enfermero?
   - C ¿Sois enfermeros?

2. Quel âge avez-vous ?
   - A ¿Cuántos años tenéis?
   - B ¿Cuántos años tiene?
   - C ¿Cuántos años tienes?

3. Êtes-vous marié ?
   - A ¿Estás casado?
   - B ¿Está casado?
   - C ¿Estáis casados?

4. Dans quoi travaillez-vous ?
   - A ¿En qué trabajáis?
   - B ¿En qué trabajas?
   - C ¿En qué trabaja?

Tema L'impératif

Ces impératifs s'adressent-ils à une ou à plusieurs personnes ? Cochez la bonne réponse.

Corrigé page 28

1. ¡Hablad!
   - A Parle !
   - B Parlez !

2. ¡Trabaja!
   - A Travaille !
   - B Travaillez !

3. ¡Llámame!
   - A Appelle-moi !
   - B Appelez-moi !

4. ¡Tratadme de usted!
   - A Vouvoie-moi !
   - B Vouvoyez-moi !

Tema Un peu de vocabulaire et de traduction

Cochez les bonnes traductions.

Corrigé page 28

1. Nous ne sommes pas de bonne humeur.
   - A No somos de buena humor.
   - B No somos de buen humor.
   - C No estamos de buen humor.

2. Au nom de tous, bienvenue.
   - A En nombre de todos, bienvenida.
   - B En nombre de otros, bienvenida.
   - C En nombre de los demás, bienvenida.

3. Je suis désolé, c'est interdit.
   - A Entendido, está prohibido.
   - B Lo siento, está prohibido.
   - C Vale, está prohibido.

4. Je ne vais pas bien, alors silence !
   - A No estoy bien, ¡ahora silencio!
   - B No estoy bien, pero ¡silencio!
   - C No estoy bien, ¡entonces silencio!

Verbes

alegrarse	*se réjouir*
tratar de tú / tutear	*tutoyer*
tratar de usted	*vouvoyer*
prohibir	*interdire*

Demander et dire comment on va

¿Qué tal?	*Comment ça va ?* À noter : on peut utiliser cette formule avec le verbe **estar**, qui exprime l'état physique et l'humeur : **¿Qué tal estáis?**, *Comment allez-vous ?*
bien / muy bien	*bien, très bien* À noter : avec un verbe, **Estoy bien**, *Je vais bien.*
fenomenal, divinamente, estupendamente	*merveilleusement, super*
mal, muy mal	*mal, très mal*
fatal	*très très mal*
regular	*moyen*
ni fu ni fa	*couci-couça*
tirando	*on fait aller*

Saluer

encantado/a	*enchanté/e*
mucho gusto / tanto gusto	*enchanté/e, enchanté/e/s*
me alegro de verte	*content de te voir*

Module 3
ÚTILES

Vouvoiement et politesse

usted / ustedes	*vous* À noter : pour marquer le vouvoiement, on utilise les pronoms **usted / ustedes** suivis de la 3e personne du verbe : **¿Cómo se llama usted, señor?**, *Comment vous appelez-vous, monsieur ?* / **¿Cómo se llaman ustedes, señores?**, *Comment vous appelez-vous, messieurs ?*
señor	*monsieur*
señora	*madame*
señorita	*mademoiselle*
don Manuel, doña Carmen	*Monsieur Manuel, madame Carmen* À noter : **don** et **doña** sont des formules respectueuses qui s'utilisent devant un prénom, jamais directement devant le nom de famille.

Les pronoms personnels sujets au pluriel

nosotros/as	*nous*
vosotros/as	*vous*
ellos	*ils, eux*
ellas	*elles*

Les adjectifs possessifs

mi, mis	*mon, mes*
tu, tus	*ton, tes*
su, sus	*son, sa, leur*
nuestro/a, nuestros/as	*notre / nos*
vuestro/a, vuestros/as	*votre / vos*
sus	*ses, leurs*

Formules conversationnelles, adverbes et mots de liaison

bienvenido/a	*bienvenu/e*
gracias	*merci*
muchas gracias	*merci beaucoup*
bueno	*bon*
vale	*d'accord*
lo siento	*je suis désolé/e*
¿entendido?	*compris ?*
ahora	*maintenant*
entonces	*alors*

Noms

delegado/a	*délégué/e*
alumno/a	*élève*
el instituto	*le lycée*
el humor	*l'humeur*
enfermero/a	*infirmier/-ière*
el chicle	*le chewing-gum*
el móvil	*le portable*
el silencio	*le silence*

Pronoms et adjectifs

todo, todos, todas	*tout, tous, toutes*
otro/a, otros /as	*un/e autre, d'autres*
los / las demás	*les autres* À noter : **los demás** se réfère aux autres personnes ou objets, à l'intérieur d'un même groupe : **los demás alumnos del instituto**, *les autres élèves du lycée* / **los demás días de la semana**, *les autres jours de la semaine.*

Module 3
CORRIGÉ

ESENCIALES

PAGE 20

Saluer, dire comment on va

1 B 2 C 3 A

1 B 2 B 3 A

Le genre et le nombre des noms et des articles

1 B 2 A 3 C 4 B

1 C 2 A 3 C 4 B

PAGE 21

Les pronoms personnels sujets et les possessifs

1 B 2 A 3 C 4 C 5 C 6 A

PAGE 22

Le tutoiement et le vouvoiement

1 B 2 A 3 B 4 B 5 A 6 A

1 A 2 A 3 B 4 B

1 A 2 B 3 B 4 C

PAGE 23

L'impératif

1 B 2 A 3 A 4 B

PAGE 24

Un peu de vocabulaire et de traduction

1 C 2 A 3 B 4 C

Vous avez obtenu entre 0 et 9 ? **¡Ay, ay, ay!**

Vous avez obtenu entre 10 et 17 ? **Muy justito...**

Vous avez obtenu entre 18 et 25 ? **No está mal, pero...**

Vous avez obtenu entre 26 et 33 ? **Enhorabuena.**

Vous avez obtenu 34 et plus ? **¡Eres un auténtico fenómeno!**

Tema Demandes polies et remerciements

Reconstituez ces échanges en donnant une réponse logique à la phrase proposée.

1. ¿Puedes ayudarme?
   A Por supuesto. B Gracias. C No hay de qué.

2. ¿Me invitas a un café?
   A Perdón. B ¡De nada! C ¡Sí, claro!

Corrigé page 37

3. Muy amable.
   A ¡De nada! B Lo siento. C Disculpa.

4. ¡Felicidades!
   A Muchas gracias. B Por favor. C Fatal.

Au lieu de **perdón**, *pardon, vous pouvez aussi utiliser les verbes* ***perdonar*** *ou* ***disculpar****, pardonner. Mais il faut alors marquer le tutoiement ou le vouvoiement au singulier ou au pluriel.*
À vous de compléter chaque phrase avec la forme qui convient.

1. ..., ¿tenéis fuego?
   A Disculpa C Disculpe
   B Disculpad D Disculpen

Corrigé page 37

2. ..., ¿me puede hacer un favor?
   A Disculpa C Disculpe
   B Disculpad D Disculpen

3. ..., ¿me pasas el azúcar?
   A Perdona C Perdone
   B Perdonad D Perdonen

4. ..., me tratan de usted, ¿entendido?
   A Perdona C Perdone
   B Perdonad D Perdonen

Module 4
ESENCIALES

Tema Le vouvoiement

Les phrases proposées sont au vouvoiement. Quelle en serait l'expression au tutoiement ?

Corrigé page 37

1. ¿Se alegra usted de verme?
   - A ¿Os alegráis de verme?
   - B ¿Te alegras de verme?
   - C ¿Se alegran de verme?

2. ¿Cómo se llaman ustedes?
   - A ¿Cómo se llama?
   - B ¿Cómo te llamas?
   - C ¿Cómo os llamáis?

3. Es usted un maleducado.
   - A Eres un maleducado.
   - B Sois unos maleducados.
   - C Son unos maleducados.

4. ¿Cómo está usted?
   - A ¿Cómo estáis?
   - B ¿Cómo estás?
   - C ¿Cómo están?

Les phrases proposées sont au tutoiement. Quelle en serait l'expression au vouvoiement ?

Corrigé page 37

1. ¿Me presentas a tu mujer?
   - A ¿Me presentáis a vuestra mujer?
   - B ¿Me presenta a su mujer?
   - C ¿Me presentan a vosotras mujer?

2. ¿Me prestas tu móvil?
   - A ¿Me prestan vosotros móviles?
   - B ¿Me prestáis su móvil?
   - C ¿Me presta su móvil?

3. ¿Me invitáis a vuestra casa?
   - A ¿Me invitan a su casa?
   - B ¿Me invitáis a su casa?
   - C ¿Me invita a vuestra casa?

4. ¿Son vuestros vecinos?
   - A ¿Son ustedes vecinos?
   - B ¿Sois mis vecinos?
   - C ¿Son sus vecinos?

Les phrases proposées équivalent à « Voici ton / tes / votre / vos... ». Complétez-les avec l'adjectif possessif qui convient.

Corrigé page 37

1. Aquí tienes ... café.
   A su B tu C vuestro

2. Aquí tiene ... azúcar.
   A su B tu C vuestro

3. Aquí tienen ... móvil.
   A su B tu C vuestro

4. Aquí tenéis a ... vecinas.
   A tus B sus C vuestras

Les phrases proposées sont au tutoiement. Quelle en serait l'expression au vouvoiement ?

Corrigé page 37

1. ¿Te puedo ayudar?
   - A ¿Os puedo ayudar?
   - B ¿Le puedo ayudar?
   - C ¿Usted puedo ayudar?

2. Perdón, te voy a molestar con una pregunta.
   - A Perdón, os voy a molestar con una pregunta.
   - B Perdón, les voy a molestar con una pregunta.
   - C Perdón, le voy a molestar con una pregunta.

3. Vale, os perdonamos.
   - A Vale, les perdonamos.
   - B Vale, le perdonamos.
   - C Vale, te perdonamos.

4. ¿Os presentáis a delegados?
   - A ¿Les presentan a delegados?
   - B ¿Se presentan a delegados?
   - C ¿Le presenta a delegado?

Tema L'enclise du pronom complément

Pour chaque phrase, il y a trois propositions. L'une est grammaticalement fausse : cochez-la.

1. Je peux vous tutoyer ?
   - A ¿Puedo os tutear?
   - B ¿Os puedo tutear?
   - C ¿Puedo tutearos?

2. Peux-tu nous aider ?
   - A ¿Nos puedes ayudar?
   - B ¿Puedes nos ayudar?
   - C ¿Puedes ayudarnos?

3. Pouvez-vous vous présenter ?
   - A ¿Se puede usted presentar?
   - B ¿Puede usted presentarse?
   - C ¿Puede usted se presentar?

4. En quoi puis-je les servir?
   - A ¿En qué puedo los servir?
   - B ¿En qué puedo servirlos?
   - C ¿En qué los puedo servir?

Tema L'emploi des articles

Cochez l'article correspondant.

Corrigé page 37

1. ¿Hay ... en casa?
   - A del café
   - C de la café
   - B de lo café
   - D café

2. ¿Me prestas ...?
   - A del azúcar
   - C azúcar
   - B de la azúcar
   - D de azúcar

3. ¿Quieres ... en tu café?
   - A leche
   - C del leche
   - B de la leche
   - D de lo leche

4. ¿Quieres un café o te invito a ...?
   - A una otra cosa
   - C otra cosa
   - B del otra cosa
   - D otro cosa

Tema Conjugaisons : verbes à diphtongue

Cochez pour chaque phrase la seule forme verbale correcte.

Corrigé page 37

1. ¿... pasar?
   - A Puedemos
   - B Piedemos
   - C Podemos

2. ¿... ver a mi casa?
   - A Queréis
   - B Quieréis
   - C Querís

3. No ... invitar a los vecinos.
   - A quieremos
   - B queremos
   - C queriemos

4. Mis amigos no ... ayudarme.
   - A pieden
   - B poden
   - C pueden

5. ¿Qué ... de Javier?
   A pensáis
   B piensáis
   C pensiáis

6. ... que es muy pesado.
   A Penso
   B Pienso
   C Puenso

Tema Un peu de traduction

Cochez pour chaque phrase la bonne traduction.

Corrigé page 37

1. Nous allons nous tutoyer, d'accord ?
   A Vamos tutearnos, ¿vale?
   B Vamos a tutearnos, ¿vale?
   C Vemos a tutearnos, ¿vale?

2. Vous allez vivre une année en Espagne ?
   A ¿Vais vivir un año en España?
   B ¿Vas a vivir un año en España?
   C ¿Vais a vivir un año en España?

3. Je ne vais pas me marier avec lui.
   A No vo casarme con él.
   B No me voy casar con él.
   C No voy a casarme con él.

4. Tu vas me pardonner, oui ou non ?
   A ¿Me vas perdonar, sí o no?
   B ¿Vas a perdonarme, sí o no?
   C ¿Me va a perdonar, sí o no?

5. Ils vont à Madrid.
   A Van a Madrid.
   B Van en Madrid.
   C Van Madrid.

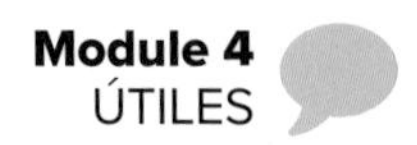

Verbes

ayudar	*aider*
disculpar	*excuser*
invitar	*inviter*
ir	*aller*
molestar	*déranger*
pasar	*passer, entrer*
pensar	*penser* À noter : verbe à diphtongue ; attention à la préposition : **pensar en** *penser à.*
perdonar	*pardonner*
poder	*pouvoir* À noter : verbe à diphtongue.
presentarse	*se présenter*
prestar	*prêter*
querer	*vouloir* À noter : verbe à diphtongue.
servir	*servir*
tomar	*prendre*

Formules de politesse

perdón	*pardon*
perdona(d)	*pardonne(z)*, tutoiement singulier et pluriel (impératif)
perdone(n)	*pardonnez*, vouvoiement singulier et pluriel (subjonctif)
por favor	*s'il te/vous plaît*
de nada	*de rien*
no hay de qué	*il n'y a pas de quoi*
con permiso	*vous permettez ?*
muy amable	*très aimable*
para servirle	*à votre service*

Module 4
ÚTILES

Adverbes et tournures adverbiales

por supuesto	*bien sûr*
claro que sí	*oui, bien sûr*
de nuevo	*à nouveau*
aquí	*ici*
hay	*il y a*

Noms

el azúcar	*le sucre*
el café	*le café*
el café con leche	*le café au lait*
una cosa	*une chose*
el hombre	*l'homme*
la leche	*le lait*
el/la vecino/a	*le/la voisin/e*

Adjectifs

poco/a	*peu de*
un poco de	*un peu de*
pesado/a	*pénible*
amable	*aimable*

Pronoms personnels compléments d'objet direct

Me ve.	*Il me voit.*
Te quiero.	*Je t'aime.*
Lo / la ayudamos.	*Nous l'aidons.* (m. et f.) On admet **le** au masculin s'il s'agit d'une personne.
Nos llamáis.	*Vous nous appelez.*
Os presento.	*Je vous présente.*
Los / las molestas.	*Tu les déranges.* (m. et f.) On admet **les** au masculin s'il s'agit de personnes.

Module 4
CORRIGÉ

PAGE 29

Demandes polies et remerciements

1 A | 2 C | 3 A | 4 A

1 B | 2 C | 3 A | 4 D

PAGE 30

Le vouvoiement

1 B | 2 C | 3 A | 4 B

1 B | 2 C | 3 A | 4 C

1 B | 2 A | 3 A | 4 C

1 B | 2 C | 3 A | 4 B

PAGE 32

L'enclise du pronom complément

1 A | 2 B | 3 C | 4 A

PAGE 33

L'emploi des articles

1 D | 2 C | 3 A | 4 C

Conjugaisons : verbes à diphtongue

1 C | 2 A | 3 B | 4 C | 5 A | 6 B

PAGE 34

Un peu de traduction

1 B | 2 C | 3 C | 4 B | 5 A

Vous avez obtenu entre 0 et 9 ? ¡Ay, ay, ay!

Vous avez obtenu entre 10 et 17 ? Muy justito...

Vous avez obtenu entre 18 et 25 ? No está mal, pero...

Vous avez obtenu entre 26 et 33 ? Enhorabuena.

Vous avez obtenu 34 et plus ? ¡Eres un auténtico fenómeno!

Module 5
ESENCIALES

Tema Un peu de vocabulaire

Signalez l'intrus dans chacune des listes.

Corrigé page 46

1.
- A el teléfono
- B el número
- C el nombre
- D el móvil

2.
- A el apellido
- B el número
- C el nombre
- D María

3.
- A Adiós.
- B Hasta pronto.
- C Hasta la vista.
- D Dime.

4.
- A la dirección
- B Avda. de Madrid 31
- C Paseo de la Castellana 50
- D 112, dígame.

Tema L'adresse

Voici les abréviations postales de quelques noms de voies. Dites à quels substantifs elles correspondent.

Corrigé page 46

1. Pza.
- A piazza
- B plaza
- C plazza

2. C.
- A calle
- B cale
- C calla

3. Avda.
- A avenida
- B avenuda
- C avienida

4. Ctra.
- A cartera
- B carreta
- C carretera

Tema Le numéro de téléphone

Quel est le numéro de téléphone indiqué en toutes lettres ?

Corrigé page 46

1. novecientos dos diecinueve cincuenta setenta y uno
   - A 9102195061
   - B 902195071
   - C 92119571

2. seiscientos sesenta treinta y siete doce noventa y seis
   - A 660371296
   - B 663072906
   - C 660307296

3. nueve cero uno veintinueve cuarenta y dos trece
   - A 90120940213
   - B 901294213
   - C 902194213

4. quinientos cinco cincuenta ochenta noventa
   - A 505508090
   - B 505058900
   - C 555080090

Tema Formules de la conversation téléphonique

Choisissez, dans chaque cas, la formule qui convient.

1. Vous décrochez.
   - A ¿Pronto?
   - B Oiga.
   - C Diga.

2. Vous appelez de la part de quelqu'un.
   - A Llamo de parte de...
   - B Llamo de la parte de...
   - C Llamo por parte de...

Corrigé page 46

3. Pour demander Pedro, vous pouvez dire "**Quisiera hablar con Pedro**", ou :
   - A ¿Me puede colgar con Pedro?
   - B ¿Me puede poner con Pedro?
   - C ¿Me puede llamar con Pedro?

4. Vous voulez dire « Ne raccrochez pas ».
   - A No cuelgue.
   - B No se ponga.
   - C No me ponga.

5. Pour prendre congé, vous pouvez dire simplement **Adiós** ou :
   - A Hasta adiós.
   - B Hasta luego.
   - C Hasta pronta.

Module 5
ESENCIALES

Tema *Ser et estar*

***Ser** ou **estar** ? Choisissez dans chaque cas la bonne proposition.*

Corrigé page 46

1. Vous voulez dire « C'est moi ! ».
   - A ¡Soy!
   - B ¡Soy yo!
   - C ¡Estoy!

2. Vous voulez dire « Je ne suis pas là ».
   - A No estoy.
   - B No soy.
   - C No soy yo.

3. Vous voulez dire « Est-ce que Pedro est là ? ».
   - A ¿Es Pedro aquí?
   - B ¿Estás Pedro?
   - C ¿Está Pedro?

4. Vous voulez dire « C'est toi, Pedro ? ».
   - A ¿Está Pedro?
   - B ¿Estás Pedro?
   - C ¿Eres Pedro?

5. Complétez cet échange avec le couple de verbes qui convient :
   ¿Quién ... ? / ... Pedro.
   - A eres / soy
   - B estás / soy
   - C eres / estoy
   - D estás /estoy

6. Complétez cet échange avec le couple de verbes qui convient :
   ¿Dónde ... ? / ... aquí.
   - A estás / estoy
   - B estás / soy
   - C eres / soy
   - D eres / estoy

7. Cochez la seule phrase correcte.
   - A Soy en casa.
   - B Estoy en casa.
   - C Soy con un amigo.
   - D Estoy el marido de Ana.
   - E Estoy Juan.

Tema La forme progressive

Partez des phrases données et dites quelle en est la forme progressive (être en train de...).

Corrigé page 46

1. ¿Qué comes?
   - A ¿Qué eres comiendo?
   - C ¿Qué estás comando?
   - B ¿Qué estás comiendo?
   - D ¿Qué eres comiando?

2. ¿Qué hace usted, señora?
   - A ¿Qué es hacienda usted, señora?
   - B ¿Qué es haciendo usted, señora?
   - C ¿Qué está hacienda usted, señora?
   - D ¿Qué está haciendo usted, señora?

3. ¿Con quién hablan?
   - A ¿Con quién están hablando?
   - C ¿Con quién están hablandos?
   - B ¿Con quién son hablandos?
   - D ¿Con quién son habliendo?

4. Estudio español.
   - A Soy estudiando español.
   - C Estoy estudiando español.
   - B Estoy estudiendo español.
   - D Soy estudiendo español.

5. ¿En qué pensáis?
   - A ¿En qué sois pensandos?
   - C ¿En qué estáis pensando?
   - B ¿En qué estáis pensandos?
   - D ¿En qué estáis piensendo?

Tema *Por* et *para*

Complétez les phrases données avec l'une des deux prépositions.

Corrigé page 46

1. Perdón, ¿puede repetir, ... favor?
   - A por
   - B para

2. Gracias ... todo, es usted muy amable.
   - A por
   - B para

3. No hay de qué, estamos aquí ... servirle.
   A por B para

4. ¿... dónde pasas ... ir a a casa ?
   A Por / por B Para / para C Por / para D Para / por

Tema Conjugaisons : *decir* et *poner*

Complétez les phrases données avec la forme verbale correcte.

Corrigé page 46

1. Un momento, le ... con el señor Sánchez.
   A pono B ponio C pongo D poneo

2. ¿Me ... usted su apellido?
   A digo B dice C dices D dingo

3. ¿Me ... un poco de música, cariño?
   A puenes B ponges C pone D pones

4. ¿Me ... tu número de teléfono?
   A dices B dice C dece D deces

5. ¿Sabes mi dirección o te la ...?
   A dico B digo C deco D dego

Tema Orthographe et vocabulaire

Cochez les traductions correctes.

Corrigé page 46

1. Pouvez-vous répéter votre numéro, s'il vous plaît ?
   A ¿Puede repeter su número, por favor?
   B ¿Puede repetir su número, por favor?
   C ¿Puede repetar su número, por favor?

2. Merci pour votre patience.
   A Gracias por su paciencia.
   B Gracias por su patiencia.
   C Gracias por su pacientia.

3. Tu as un appel.
   - A Tienes una llamada.
   - B Tienes una lamada.
   - C Tienes una llamata.

4. Peux-tu appeler plus tard ?
   - A ¿Puedes llamar más tarde?
   - B ¿Puedes llamar más tardo?
   - C ¿Puedes llamar más tardi?

Tema Dialogues téléphoniques

Dans quel ordre faut-il mettre ces répliques pour obtenir un dialogue cohérent ?

Corrigé page 46

1.
   A. Hola, ¿puedo hablar con Laura?
   B. Lo siento, no está.
   C. Buenos días, ¿en qué puedo ayudarle?

   - A A – B – C
   - B C – A – B
   - C B – A – C

2.
   A. Un momento, por favor, ahora se pone.
   B. Buenas, ¿me puede poner con Laura?
   C. Sí, dígame.

   - A C – B – A
   - B B – C – A
   - C A – C – B

3.
   A. No, lo siento.
   B. Perdón, ¿con quién quiere usted hablar?
   C. Hola, cariño, ¿qué tal?
   D. Oh, disculpe.
   E. De nada, adiós.
   F. ¿No eres tú, Antonio?

   - A C – B – F – A – D – E
   - B F – B – C – A – E – D
   - C B – D – A – E – F – C

Module 5
ÚTILES

Verbes

colgar	*raccrocher* À noter : verbe à diphtongue : **cuelgo**, **cuelgas**, **cuelga**, **colgamos**, **colgáis**, **cuelgan**.
comer	*manger*
decir	*dire*
poner	*mettre* À noter : au téléphone, **poner con** signifie *passer quelqu'un* : **Te pongo con...**, *Je te passe...*
repetir	*répéter*
saber	*savoir*

Prendre congé

adiós	*adieu, au revoir*
hasta luego	*au revoir*
hasta pronto	*à bientôt*
hasta la vista	*à la prochaine*
hasta mañana	*à demain*

L'adresse

la dirección	*l'adresse*
la carretera	*la route*
la calle	*la rue*
la avenida	*l'avenue*
el paseo	*la promenade*
la plaza	*la place*

Le téléphone et la conversation téléphonique

el teléfono	*le téléphone*
llamar por teléfono	*téléphoner*
el número	*le numéro*
la compañía	*la compagnie, la société*
Diga / Dígame	*Allô* À noter : ces formules servent si vous vouvoyez l'interlocuteur. On emploie **Dime** si l'on tutoie.
No cuelgue / No cuelgues	*Ne raccrochez pas / Ne raccroche pas.*
Quisiera hablar con...	*Je voudrais parler à...*
Un momento, por favor.	*Un instant, s'il vous plaît.*
¿Puede / puedes repetir?	*Pouvez-vous / Peux-tu répéter ?*
¿Puede / puedes llamar más tarde?	*Pouvez-vous / Peux-tu appeler plus tard?*
¿Está Pedro?	*Est-ce que Pedro est là ?*
No, no está.	*Non, il n'est pas là.*

Compter de 100 à 1000

Cien devient **ciento** entre 101 et 199 : 101, **ciento uno** ; 102, **ciento dos**...; 199, **ciento noventa y nueve**. Remarquez qu'à partir de 200 les centaines ont un genre, masculin ou féminin.

100	**cien**	600	**seiscientos/as**
200	**doscientos/as**	700	**setecientos/as**
300	**trescientos/as**	800	**ochocientos/as**
400	**cuatrocientos/as**	900	**novecientos/as**
500	**quinientos/as**	1000	**mil**

Module 5
CORRIGÉ

ESENCIALES

PAGE 38
Un peu de vocabulaire
1 C | 2 B | 3 D | 4 D

PAGE 38
L'adresse
1 B | 2 A | 3 A | 4 C

PAGE 39
Le numéro de téléphone
1 B | 2 A | 3 B | 4 A

Formules de la conversation téléphonique
1 C | 2 A | 3 B | 4 A | 5 B

PAGE 40
Ser **et** ***estar***
1 B | 2 A | 3 C | 4 C | 5 A | 6 A | 7 B

PAGE 41
La forme progressive
1 B | 2 D | 3 A | 4 C | 5 C

Por **et** ***para***
1 A | 2 A | 3 B | 4 C

PAGE 42
Decir **et** ***poner***
1 C | 2 B | 3 D | 4 A | 5 B

Orthographe et vocabulaire
1 B | 2 A | 3 A | 4 A

PAGE 43
Dialogues téléphoniques
1 B | 2 A | 3 A

VOTRE SCORE :

Vous avez obtenu entre 0 et 8 ? ¡Ay, ay, ay!

Vous avez obtenu entre 9 et 17 ? Muy justito...

Vous avez obtenu entre 18 et 26 ? No está mal, pero...

Vous avez obtenu entre 27 et 35 ? Enhorabuena.

Vous avez obtenu 36 et plus ? ¡Eres un auténtico fenómeno!

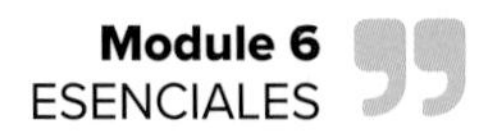

Tema Dire l'heure

Associez l'heure donnée, en chiffres ou en lettres, à l'une des trois propositions.

Corrigé page 57

1. Son las cuatro menos veinte de la tarde.
   - A 04 h 20.
   - B 15 h 40.
   - C 16 h 20.

2. Son las diez y cinco de la mañana.
   - A 10 h 05.
   - B 22 h 05.
   - C 05 h 10.

3. Son las once y diez de la noche.
   - A 22 h 11.
   - B 23 h 10.
   - C 11 h 10.

4. Il est 6 h 30.
   - A Es la seis y media.
   - B Es las seis y media.
   - C Son las seis y media.

5. Il est 10 h 45.
   - A Son las diez y cuarto.
   - B Es las diez menos cuarto.
   - C Son las once menos cuarto.

6. Il est 9 h 15.
   - A Son las nueve y cuarto.
   - B Es las nueve menos cuarto.
   - C Son las nueve menos cuarto.

7. Il est 00 h 00.
   - A Es la una de la mañana.
   - B Es la una de la noche.
   - C Son las doce de la noche.

8. Il est 12 h 10.
   - A Son las doce y diez.
   - B Es mediodía y diez.
   - C Es medianoche y diez.

Module 6
ESENCIALES

Tema Routines quotidiennes et adverbes de temps

Comment réagissez-vous à ces différentes phrases ?

Corrigé page 57

1. Te levantas a las cinco de la mañana.
   A ¡Qué tarde! B ¡Qué temprano!

2. Nos acostamos a la dos de la mañana.
   A ¡Qué tarde! B ¡Qué temprano!

3. Duerme la siesta a la una de la tarde.
   A ¡Qué tarde! B ¡Qué temprano!

4. Volvéis del trabajo a las doce de la noche.
   A ¡Qué tarde! B ¡Qué temprano!

5. Se despiertan a las doce del mediodía.
   A ¡Qué tarde! B ¡Qué temprano!

6. Salgo del instituto a las siete y media de la tarde.
   A ¡Qué tarde! B ¡Qué temprano!

Tema Les jours de la semaine

Dans les phrases suivantes, il manque une ou plusieurs syllabes aux noms des jours de la semaine. Complétez-les avec l'une des trois propositions.

Corrigé page 57

1. Los ...les hago deporte.
   A miérco... B lu... C jue...

2. Salen de copas los ...dos.
   A mar... B domin... C sába...

3. ¿Nos vemos el mar...?
   A ...nes B ...tes C ...des.

4. ¿Quieres ir al cine el ...ves o el vier...?
   A lu... / ...tes B miérco... / ...nes C jue... /...nes

5. Ve series en la tele los domin... y los ...nes.
   A ...gos / lu... B ...dos /jue... C ...dos /vier...

Tema Les prépositions de temps

Complétez ces phrases en utilisant la préposition qui convient.

Corrigé page 57

1. Los españoles salen mucho ... la noche.
   A a B de C por
2. Los franceses comen ... mediodía.
   A a B en C por
3. ¿... qué hora coméis?
   A A B De C En
4. Los sábados vuelvo a casa ... madrugada.
   A a B de C en
5. ... la mañana tengo sueño.
   A En B De C Por
6. Me levanto temprano, ... las ocho.
   A durante B después de C antes de
7. Tomo mucho café ... día.
   A durante el B después del C antes del
8. Te acuestas tarde, ... las once.
   A durante B después de C antes de

Tema Les prépositions de lieu

Complétez ces phrases en utilisant la préposition ou la série de prépositions qui convient.

Corrigé page 57

1. Los fines de semana me quedo ... casa.
   A a B en C a la
2. ¿A qué hora sales ... trabajo?
   A del B al C en
3. Los viernes vuelvo ... casa muy cansado.
   A a la B a C en

4. ¿Dónde estás, ... casa?
   A a　B a la　C en

5. ¿Vamos ... casa?
   A a　B en　C en la

6. Cuando vuelvo ... trabajo estoy muy cansada.
   A de　B del　C al

7. Trabajo ... España, ... Sevilla.
   A a / a　B en / en　C en / a

8. Vivo ... París, pero nací ... Madrid y vuelvo ... España todos los años.
   A a / a / en　B en / en / a　C en / a / en

Tema Le verbe *soler*, avoir l'habitude de

Comment transformeriez-vous les phrases données pour exprimer une habitude ?

Corrigé page 57

1. Comes a las dos.
   - A Sueles comer a las dos.
   - B Soles comer a las dos.
   - C Sueles de comer a las dos.

2. Salgo de copas los fines de semana.
   - A Suelo saler de copas los fines de semana.
   - B Suelo salir de copas los fines de semana.
   - C Solo de salir de copas los fines de semana.

3. ¿A qué hora os acostáis?
   - A ¿A qué hora soláis de acostaros?
   - B ¿A qué hora soléis acostaros?
   - C ¿A qué hora soléis os acostar?

4. Los sábados me quedo en casa.
   - A Los sábados suelo me quedar en casa,
   - B Los sábados solo de me quedar en casa,
   - C Los sábados suelo quedarme en casa.

5. ¿Cuántas horas duerme usted?
   - A ¿Cuántas horas sole usted dormir?
   - B ¿Cuántas horas suele usted dormir?
   - C ¿Cuántas horas sole usted de dormir?

6. Los españoles toman mucho café.
   - A Los españoles suelen tomar mucho café.
   - B Los españoles suelen de tomar mucho café.
   - C Los españoles solen tomar mucho café.

Tema Les adjectifs démonstratifs

Introduisez dans chaque phrase le démonstratif qui convient.

Corrigé page 57

1. Estoy muy cansado ... días.
   - A estas
   - B estos
   - C estes

2. ¿Dónde están ... nuevos bares?
   - A esas
   - B esos
   - C eses

3. Lo siento, ... semana no puedo verte.
   - A esta
   - B esto
   - C este

4. No entiendo ... pregunta.
   - A esa
   - B eso
   - C ese

5. ... fin de semana no voy a salir.
   - A Esto
   - B Esta
   - C Este

6. ... series son estupendas.
   A Estos B Estas C Esto

7. ¿Quién es ... hombre?
   A eso B esa C ese

8. ... chicas son estadounidenses.
   A Esos B Esas C Eses

Tema « Pourquoi » et « parce que »

Choisissez la bonne proposition pour compléter ces phrases.

Corrigé page 57

1. ¿... tienes sueño?
   A Porque B Por qué

2. Estoy cansado ... duermo poco.
   A porque B por qué

3. Dime ... te acuestas tan tarde.
   A porque B por qué

4. No sé ... me preguntas eso.
   A porque B por qué

5. ¿Piensas que llevo una vida loca ... me acuesto tarde?
   A porque B por qué

6. No te entiendo: ¿... dices eso?
   A porque B por qué

Focus Les mots interrogatifs

Choisissez la formule interrogative adéquate pour compléter ces phrases.

Corrigé page 57

1. ¿... series ves a la semana?
   A Cuántas C Cuánto
   B Cuándo D Cuántos

2. ¿... hora te levantas?
   - A Cuántas
   - B Cuándo
   - C Cuánta
   - D A qué

3. ¿... te acuestas?
   - A Cuánto
   - B Cuándo
   - C Cuánta
   - D Qué

4. ¿... te pasa?
   - A Cuánta
   - B Cuánto
   - C Qué
   - D A qué

5. ¿... bar vamos?
   - A Cuánto
   - B Cuándo
   - C Qué
   - D A qué

Tema Révision : les conjugaisons

Dans les phrases données, complétez le radical ou la terminaison des formes verbales.

Corrigé page 57

1. Estáis cansados porque dorm... muy poco.
   - A ...áis
   - B ...éis
   - C ...ís

2. Sal... de copas todos los fines de semana.
   - A ...amos
   - B ...imos
   - C ...emos

3. No quiero salir contigo, ¿me entiend...?
   - A ...es
   - B ...as
   - C ...is

4. Tengo mucho sueño porque me ...o muy temprano.
   - A despert...
   - B despiert...
   - C despuert...

5. Los españoles se ...an tarde.
   - A acuest...
   - B acost...
   - C aciest...

6. ¿A qué hora ...e usted del trabajo?
   - A vielv...
   - B volv...
   - C vuelv...

Module 6
ÚTILES

Verbes

acostarse	*se coucher* À noter : v. à diphtongue.
despertarse	*se réveiller* À noter : v. à diphtongue.
dormir	*dormir* À noter : v. à diphtongue.
entender	*comprendre* À noter : v. à diphtongue.
levantarse	*se lever*
llevar	*porter, mener*
pasar	*passer* (**Paso por aquí**, *Je passe par ici.*) / *se passer, se produire* (**¿Qué pasa?**, *Que se passe-t-il ?*) / arriver (**¿Qué te pasa?**, *Que t'arrive-t-il ?*).
preguntar	*demander*
quedarse	*rester*
salir	*sortir* À noter : **ir** (ou **salir**) **de copas,** *sortir prendre un verre.*
soler	*avoir l'habitude de* À noter : v. à diphtongue.
tomar	*prendre*
volver	*revenir* À noter : v. à diphtongue.

Dire l'heure

la hora	*l'heure*
el minuto	*la minute*
¿Qué hora es?	*Quelle heure est-il ?*
Es la una	*Il est une heure*
Son las dos, son las tres...	*Il est deux heures, il est trois heures...*
en punto	*pile*
y media	*et demie*
y cuarto	*et quart*

menos cuarto	*moins le quart* À noter : Au quotidien, on ne se sert usuellement que des chiffres de 1 à 12. Il faut donc parfois préciser : **de la mañana,** *du matin ;* **de la tarde,** *de l'après-midi ;* **de la noche**, *du soir/ de la nuit.*

Les jours de la semaine

lunes	*lundi*
martes	*mardi*
miércoles	*mercredi*
jueves	*jeudi*
viernes	*vendredi*
sábado	*samedi*
domingo	*dimanche*
la semana	*la semaine*
el fin de semana	*le week-end*

Situer dans le temps

antes	*avant*
después	*après* À noter : Lorsque « avant » et « après » sont des prépositions, elles se rendent en espagnol par **antes de** *et* **después de : después del trabajo**, *après le travail.*
durante	*pendant*
de día, de noche	*le jour, la nuit*
por la mañana, por la tarde, por la noche	*le matin, l'après-midi, le soir/la nuit.*
a mediodía	*à midi, à mi-journée*
de madrugada	*au petit matin*
temprano	*tôt*
tarde	*tard*

Module 6
ÚTILES

Poser des questions et y répondre

¿cuándo?	*quand ?*
¿por qué?	*pourquoi ?*
porque	*parce que*

Noms

el amigo, la amiga	*l'ami/e*
el bar	*le bar*
el cine	*le cinéma*
el sueño	*le sommeil, le rêve*
la serie	*la série*
la siesta	*la sieste*
la tele	*la télévision*
la vida	*la vie*

Adjectifs et adjectifs démonstratifs

cansado/a	*fatigué/e*
estupendo/a	*formidable*
loco/a	*fou / folle*
este hombre, estos hombres	*cet homme-ci, ces hommes-ci*
esta mujer, estas mujeres	*cette femme-ci, ces femmes-ci*
ese hombre, esos hombres	*cet homme-là, ces hommes-là*
esa mujer, esas mujeres	*cette femme-là, ces femmes-là*
esto	*ceci*
eso	*cela*

Module 6
CORRIGÉ

PAGE 47

Dire l'heure

1 B 2 A 3 B 4 C 5 C 6 A 7 C 8 A

PAGE 48

Routines quotidiennes et adverbes de temps

1 B 2 A 3 B 4 A 5 A 6 A

Les jours de la semaine

1 A 2 C 3 B 4 C 5 A

PAGE 49

Les prépositions de temps

1 C 2 A 3 A 4 B 5 C 6 C 7 A 8 B

Les prépositions de lieu

1 B 2 A 3 B 4 C 5 A 6 B 7 B 8 B

PAGE 50

Le verbe ***soler***, avoir l'habitude de

1 A 2 B 3 B 4 C 5 B 6 A

PAGE 51

Les adjectifs démonstratifs

1 B 2 B 3 A 4 A 5 C 6 B 7 C 8 B

PAGE 52

« Pourquoi » et « parce que »

1 B 2 A 3 B 4 B 5 A 6 B

Les mots interrogatifs

1 A 2 D 3 B 4 C 5 D

PAGE 53

Les conjugaisons

1 C 2 B 3 A 4 B 5 A 6 C

Vous avez obtenu entre 0 et 12 ? ¡Ay, ay, ay!

Vous avez obtenu entre 13 et 25 ? Muy justito...

Vous avez obtenu entre 26 et 38 ? No está mal, pero...

Vous avez obtenu entre 39 et 51 ? Enhorabuena.

Vous avez obtenu 52 et plus ? ¡Eres un auténtico fenómeno!

Module 7
ESENCIALES

Tema La famille

Associez la définition donnée au membre de la famille qu'elle désigne.

Corrigé page 68

1. La madre de mi madre es...
   A mi tía. B mi abuela. C mi nieta.

2. El hermano de mi padre es...
   A mi tío. B mi abuelo. C mi primo.

3. El hijo de mi hermana es...
   A mi primo. B mi sobrino. C mi nieto.

4. La hija de mi tío es...
   A mi nieta. B mi sobrina. C mi prima.

5. El hijo de mi hija es...
   A mi nieto. B mi sobrino. C mi primo.

Tema La table et les couverts

Complétez avec les syllabes manquantes.

Corrigé page 68

1. Es hora de comer, pongo la me...
   A ...la. B ...ta. C ...sa.

2. Para beber, me sirvo de un va...
   A ...ro. B ...so. C ...to.

3. ¿Pongo cucha... o no?
   A ...tas B ...ras C ...llas

4. ¿Cuántos pla... pongo?
   A ...tos B ...tas C ...tes

5. ¿Cuántos cubier... pongo?
   A ...tos B ...tas C ...tes

6. Para comer carne, me sirvo de un cuchi... y de un tene...
   - A ...llo / ...dor.
   - B ...to / ...dora.
   - C ...ro / ...tor.

7. ¿Dónde están las servi... y el man...?
   - A ...ettas / ...tón.
   - B ...etas / ...to.
   - C ...lletas / ...tel.

Tema Les repas et les aliments

Dans les phrases proposées, dites dans quel ordre il faut introduire les mots manquants.

Corrigé page 68

1. Mi XXX es un XXX con XXX y XXX de XXX.
   - A café / leche / desayuno / mantequilla / tostadas
   - B desayuno / café / leche / tostadas / mantequilla
   - C mantequilla / café / tostadas / leche / desayuno

2. De XXX voy a tomar un XXX, de XXX una XXX y de XXX un XXX.
   - A gazpacho / primero / postre / tortilla / flan / segundo
   - B postre / primero / gazpacho / segundo / tortilla /flan
   - C primero / gazpacho / segundo / tortilla / postre / flan

3. Tengo XXX: voy a XXX un XXX con XXX.
   - A churros / merendar / chocolate / hambre
   - B merendar / hambre / churros / chocolate
   - C hambre / merendar / chocolate / churros

4. Mis XXX suelen ser una XXX con XXX XXX en la XXX.
   - A cenas / hamburguesa / patatas / fritas / cocina
   - B patatas / cocina / cenas / fritas / hamburguesa
   - C fritas / cocina / patatas / hamburguesa / cenas

Module 7
ESENCIALES

Tema La phrase négative

Introduisez dans chaque phrase le mot négatif qui convient au sens.

Corrigé page 68

1. Cuando mi madre hace tortilla, no dejo ... en el plato.
   - A nada
   - B nadie
   - C nunca
   - D tampoco

2. En casa pongo la mesa pero no lavo ... los platos.
   - A nada
   - B nadie
   - C nunca
   - D tampoco

3. No tienes hambre y yo ...
   - A nada.
   - B nadie.
   - C nunca.
   - D tampoco.

4. Los fines de semana no veo a ...
   - A nada.
   - B nadie.
   - C nunca.
   - D tampoco.

Tema Les pronoms personnels

Introduisez dans ces phrases la forme du pronom personnel qui convient.

Corrigé page 68

1. No puedo vivir ...
   - A sin ti.
   - B sintigo.
   - C sin te.

2. ¿Quieres cenar...
   - A con yo?
   - B con mí?
   - C conmigo?

3. Muchas gracias...
   - A a vosotros.
   - B a os.
   - C a vuestro.

4. La familia es importante...
   - A para sus.
   - B para les.
   - C para ellos.

5. Esto lo hago...
   - A por le.
   - B por su.
   - C por usted.

6. No quiero salir...
   - A con te.
   - B contigo.
   - C con ti.

7. ¿Qué dice...
   - A de me?
   - B de mí?
   - C de yo?

Tema Antonymes

Pour chaque phrase donnée, identifiez celle qui dit le contraire.

Corrigé page 68

1. Estoy sentado.
   - A Estoy de pie.
   - B Estoy durmiendo.
   - C Estoy loco.

2. Estamos equivocados.
   - A Estamos juntos.
   - B Estamos de acuerdo.
   - C Tenemos razón.

3. Mi primo siempre lava los platos.
   - A Mi primo también lava los platos.
   - B Mi primo tampoco lava los platos.
   - C Mi primo nunca lava los platos.

4. Está cansada.
   - A Está fenomenal.
   - B Tiene hambre.
   - C Tiene sueño.

5. Los niños meriendan ahora.
   - A Los niños meriendan así.
   - B Los niños meriendan solos.
   - C Los niños meriendan después.

Module 7
ESENCIALES

Tema La traduction de « on »

Si on veut exprimer la phrase donnée de manière impersonnelle (« on »), quelle est la bonne formulation ?

Corrigé page 68

1. Hoy escribimos menos cartas.
   - A Hoy se escribe menos cartas.
   - B Hoy se escriben menos cartas.

2. En casa cenamos a las diez.
   - A En casa se cena a las diez.
   - B En casa se cenan a las diez.

3. En mi familia comemos muchas patatas.
   - A En mi familia se come muchas patatas.
   - B En mi familia se comen muchas patatas.

4. No siempre tenemos razón.
   - A No siempre se tiene razón.
   - B No siempre se tienen razón.

5. Cuando estamos de mal humor, decimos cosas que no pensamos.
   - A Cuando se están de mal humor, se dicen cosas que no se piensan.
   - B Cuando se está de mal humor, se dicen cosas que no se piensan.
   - C Cuando se están de mal humor, se dicen cosas que no se piensa.
   - D Cuando se está de mal humor, se dice cosas que no se piensan.

Tema Conjugaisons : *sentir* et *sentar*

Choisissez la forme qui convient au sens de la phrase.

Corrigé page 68

1. ¿Te ... bien o llamo a un médico?
   - A sientas
   - B sientes

2. Lo ..., no podemos salir de copas.
   - A sentamos
   - B sentimos

3. ¿Por qué no os ... para cenar?
   - A sentáis
   - B sentís

4. El profesor entra y se ...
   - A sienta.
   - B siente.

5. Los niños ... cariño por lo animales.
   - A sientan
   - B sienten

Tema « Très » et « beaucoup »

Corrigé page 68

Cochez la bonne traduction.

1. Ma sœur ne mange pas beaucoup.
   - A Mi hermana no come muy.
   - B Mi hermana no come mucho.
   - C Mi hermana no come mucha.

2. Je mange beaucoup de hamburgers.
   - A Como muy hamburguesas.
   - B Como muchos hamburguesas.
   - C Como muchas hamburguesas.

3. Ils ne lavent pas beaucoup d'assiettes.
   - A No lavan muy platos.
   - B No lavan muchos platos.
   - C No lavan muchas platos.

4. La famille, c'est très important.
   - A La familia es muy importante.
   - B La familia es mucho importante.
   - C La familia es mucha importante.

5. J'ai très sommeil.
   - A Tengo muy sueño.
   - B Tengo mucho sueño.
   - C Tengo mucha sueño.

Tema Masculin et féminin : cas particuliers

Tous les mots proposés sont féminins en espagnol. Mais quel article utiliser et quel accord faire ? À vous de choisir les bonnes solutions.

Corrigé page 68

1. L'aigle.
   - A El águila.
   - B La águila.
2. La salle de cours.
   - A El aula.
   - B La aula.
3. L'anchois.
   - A El anchoa.
   - B La anchoa.
4. La faim.
   - A El hambre.
   - B La hambre.
5. Le trottoir.
   - A El acera.
   - B La acera.
6. Le hamac.
   - A El hamaca.
   - B La hamaca.
7. L'amie chérie.
   - A La amiga querida.
   - C El amiga querido.
   - B El amiga querida.
8. La farine blanche.
   - A La harina blanca.
   - C El harina blanco.
   - B El harina blanca.

9. L'eau fraîche.
   - A La agua fresca
   - B El agua fresca.
   - C El agua fresco.

10. J'ai très faim.
   - A Tengo mucha hambre.
   - B Tengo mucho hambre.

ÚTILES

Verbes

beber	*boire*
cenar	*dîner*
dejar	*laisser*
desayunar	*prendre le petit déjeuner*
escribir	*écrire*
lavar	*laver*
merendar	*goûter (la collation)* À noter : v. à diphtongue.
sentir	*sentir, ressentir / être désolé* À noter : v. à diphtongue.
sentarse	*s'asseoir* À noter : v. à diphtongue.

Les repas

el desayuno	*le petit déjeuner*
la comida	*le déjeuner* À noter : dans certaines régions, **el almuerzo** peut désigner aussi bien le déjeuner qu'une collation à mi-matinée.
la merienda	*le goûter*
la cena	*le dîner*
el primero	*l'entrée*
el segundo	*le plat principal*
el postre	*le dessert*

Module 7
ÚTILES

La table et les couverts

la mesa	*la table*
el mantel	*la nappe*
la servilleta	*la serviette*
los cubiertos	*les couverts*
el cuchillo	*le couteau*
el plato	*l'assiette*
el tenedor	*la fourchette*
el vaso	*le verre*
la cuchara	*la cuillère*

La famille

la familia	*la famille*
el padre	*le père* À noter : **los padres** désigne *les parents.*
papá	*papa*
la madre	*la mère*
mamá	*maman*
el abuelo / la abuela	*le grand-père / la grand-mère* À noter : **los abuelos** désigne *les grands-parents.*
el hermano / la hermana	*le frère / la sœur*
el tío / la tía	*l'oncle / la tante*
el primo / la prima	*le cousin / la cousine*
el sobrino / la sobrina	*le neveu / la nièce*
el nieto / la nieta	*le petit-fils / la petite-fille*

Quelques mets et aliments

la carne	*la viande*
la tostada	*la tartine*
la mantequilla	*le beurre*
la tortilla	*l'omelette*
el flan	*la crème caramel*
la hamburguesa	*le hamburger*
la patata	*la pomme de terre* À noter : pour désigner *les frites* on parle de **patatas fritas**.

Locutions verbales

tener hambre	*avoir faim*
tener razón	*avoir raison*
estar equivocado	*avoir tort*

Adverbes et pronoms négatifs

nada	*rien*
nadie	*personne*
nunca	*jamais*
tampoco	*non plus*

Adverbes et locutions adverbiales

ahora	*maintenant*
así	*comme ça, ainsi*
de pie	*debout*
hoy	*aujourd'hui*
juntos	*ensemble*
siempre	*toujours*

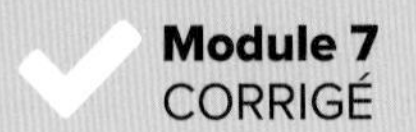

Module 7
CORRIGÉ

ESENCIALES

PAGE 58

La famille

1 B | 2 A | 3 B | 4 C | 5 A

La table et les couverts

1 C | 2 B | 3 B | 4 A | 5 A | 6 A | 7 C

PAGE 59

Les repas et les aliments

1 B | 2 C | 3 C | 4 A

PAGE 60

La phrase négative

1 A | 2 C | 3 D | 4 B

Les pronoms personnels

1 A | 2 C | 3 A | 4 C | 5 C | 6 B | 7 B

PAGE 61

Antonymes

1 A | 2 C | 3 C | 4 A | 5 C

PAGE 62

La traduction de « on »

1 B | 2 A | 3 B | 4 A | 5 B

Conjugaisons : ***sentir*** et ***sentar***

1 B | 2 B | 3 A | 4 A | 5 B

PAGE 63

« Très » et « beaucoup »

1 B | 2 C | 3 B | 4 A | 5 B

PAGE 64

Masculin et féminin : cas particuliers

1 A | 2 A | 3 B | 4 A | 5 B | 6 B | 7 A | 8 A | 9 B | 10 A

Vous avez obtenu entre 0 et 10 ? ¡Ay, ay, ay!

Vous avez obtenu entre 11 et 21 ? Muy justito...

Vous avez obtenu entre 22 et 32 ? No está mal, pero...

Vous avez obtenu entre 33 et 43 ? Enhorabuena.

Vous avez obtenu 44 et plus ? ¡Eres un auténtico fenómeno!

Tema Compter à partir de 1000

Comment écrivez-vous, en toutes lettres, le nombre qui figure dans les phrases ?

1. Un día tiene 1440 minutos.

   A mil cuatrocientos cuarenta

   B mil cuatrocientas cuarenta

   C mil ciento cuarenta

2. El volcán Teide tiene una altitud de 3 718 metros.

   A trece mil setenta y ocho

   B trece mil sietecientos dieciocho

   C tres mil setecientos dieciocho

3. Tengo 12 562 amigas de facebook.

   A dos mil cinco ciento setenta y dos

   B doce mil quinientas sesenta y dos

   C diez mil cincuenta sesenta y dos

4. El Nou Camp tiene capacidad para 99 354 personas.

   A noventa y nueve mil trescientos cincuenta y cuatro

   B novecientos noventa y tres mil cincuenta y cuatro

   C noventa y nueve mil trescientas cincuenta y cuatro

5. El Fútbol Club Barcelona tiene 143 855 socios.

   A ciento cuarenta y tres mil ochocientos cincuenta y cinco

   B catorce y tres mil ochocientos cincuenta y cinco

   C cien mil cuarenta y tres mil ochocientos cincuenta y cinco

6. Madrid tiene 3 265 038 habitantes.

   A tres millones doscientos seis mil quinientos treinta y ocho

   B tres millones doscientos sesenta y cinco mil treinta y ocho

   C trece millones veintiséis mil quinientos treinta y ocho

7. España tiene 46 659 302 habitantes.
   - A cuatro millones sesenta y seis mil cincuenta y nueve mil trescientos dos
   - B sesenta y cuatro millones sesenta y cinco nueve mil treinta y dos
   - C cuarenta y seis millones seiscientos cincuenta y nueve mil trescientos dos

8. 23 777 015 son mujeres.
   - A veintitrés millones setecientos setento y siete mil quince
   - B veintitrés millones setecientas setenta y siete mil quince
   - C veintitrés millones setecientos setenta y siete mil quince

Tema La maison : pièces et meubles

Quels meubles ou accessoires associez-vous à chaque pièce de la maison ?

Corrigé page 79

1. la cocina
   - A el váter
   - B el horno
2. el dormitorio
   - A la mesa
   - B la cama
3. el salón
   - A el sillón
   - B el frigorífico
4. el comedor
   - A la silla
   - B la lavadora
5. el cuarto de baño
   - A el microondas
   - B la ducha

Tema Qualités et défauts

Un client difficile visite un appartement. Il lui reconnaît des qualités mais met surtout en avant les défauts. Placez les adjectifs dans le bon ordre.

Corrigé page 79

1. El piso es...
   - A caro pero grande.
   - B grande pero caro.
2. El váter es...
   - A limpio pero feo.
   - B feo pero limpio.

3. El salón es...
   A agradable pero pequeño. B pequeño pero agradable.

4. El barrio es...
   A un poco sucio pero barato. B barato pero un poco sucio.

5. Los muebles son...
   A viejos pero bonitos. B bonitos pero viejos.

6. Los vecinos son...
   A amables pero ruidosos. B ruidosos pero amables.

7. Los electrodomésticos son...
   A antiguos pero buenos. B buenos pero antiguos.

Tema La construction des verbes du type *gustar*, *encantar*, etc.

Choisissez la bonne séquence de pronoms pour compléter les phrases proposées.

1. A ... ... gusta España.
   A nos / nosotros B nosotros / nos C nuestro / nos

2. A ... ... gusta Andalucía.
   A su / ella B le / la C ella / le

Corrigé page 79

3. A ... ... gusta salir.
   A vosotros / os B os / vosotros C vos / os

4. A ... no ... gusta este barrio.
   A me / mi B yo / mí C mí / me

5. ¿A ... ... gusta Shakira?
   A le / usted B usted / le C usted / se

6. A ... no ... gusta trabajar.
   A ti / te B tú / te C te / tu

7. A ... no ... gusta la paella.
   A les / se B ellos / ustedes C ellos / les

Faites pour chaque phrase le bon accord du verbe.

Corrigé page 79

1. Me ... los animales.
   - A gusta
   - B gustan
2. ¿Os ... tener animales en casa?
   - A gusta
   - B gustan
3. Le ... los gatos.
   - A encanta
   - B encantan
4. No nos ... los perros.
   - A encanta
   - B encantan
5. Te ... acostarte tarde.
   - A horroriza
   - B horrorizan
6. Nos ... salir de copas.
   - A horroriza
   - B horrorizan

Tema *Querer* ou *gustar* ?

En français, vous emploierez le verbe aimer pour parler aussi bien des goûts que des sentiments. Dans les cas suivants, que vaut-il mieux dire en espagnol ?

1. ellos ♥ los fines de semana
   - A Les gustan los fines de semana.
   - B Quieren los fines de semana.
2. vosotros ♥ Navidad
   - A Os gusta Navidad.
   - B Queréis Navidad.
3. tú ♥ tus hermanos
   - A Te gustan tus hermanos.
   - B Quieres a tus hermanos.
4. nosotros ♥ las ciudades pequeñas
   - A Nos gustan las ciudades pequeñas.
   - B Queremos las ciudades pequeñas.
5. yo ♥ mis padres
   - A Me gustan mis padres.
   - B Quiero a mis padres.

Corrigé page 79

6. ella ♥ su abuela
   - (A) Le gusta su abuela.
   - (B) Quiere a su abuela.

Tema Le superlatif et l'exclamation

Corrigé page 79

Cochez la bonne traduction.

1. C'est un loyer très bon marché
   - (A) Es un alquiler más barato.
   - (B) Es un alquiler muy barato.
   - (C) Es un alquiler mucho barato.

2. Le lit est très petit.
   - (A) La cama es pequeñísima.
   - (B) La cama es la más pequeña.
   - (C) La cama es más pequeña.

3. Cette pièce est la plus agréable.
   - (A) Esta habitación es la muy agradable.
   - (B) Esta habitación es la más agradable.
   - (C) Esta habitación es más agradable.

4. Le cafard est l'animal le plus désagréable.
   - (A) La cucaracha es el animal muy desagradable.
   - (B) La cucaracha es el animal el más desagradable.
   - (C) La cucaracha es el animal más desagradable.

5. Quelle grande télévision !
   - (A) ¡Qué tele más grande!
   - (B) ¡Qué más grande tele!
   - (C) ¡Qué muy grande tele!

6. Que ces meubles sont laids !
   - A ¡Qué feos estos muebles son!
   - B ¡Qué feos son estos muebles!
   - C ¡Qué más feos son estos muebles!

Tema Donner un ordre, au tutoiement et au vouvoiement

Corrigé page 79

Dites si ces ordres sont exprimés au tutoiement ou au vouvoiement.

1. ¡Lava los platos!
   A tutoiement — B vouvoiement
2. ¡Limpie el váter!
   A tutoiement — B vouvoiement
3. ¡Coma rápido!
   A tutoiement — B vouvoiement
4. ¡Escriba más cartas!
   A tutoiement — B vouvoiement
5. ¡Visita España!
   A tutoiement — B vouvoiement
6. ¡Perdone!
   A tutoiement — B vouvoiement
7. ¡Bebe agua!
   A tutoiement — B vouvoiement
8. ¡Dígame la verdad!
   A tutoiement — B vouvoiement
9. Lo siento, disculpa.
   A tutoiement — B vouvoiement

Tema Conjugaisons : *venir, empezar, preferir*

Recomposez ces mini-dialogues en introduisant la question ou la réponse manquante.

Corrigé page 79

1. ¿De dónde vienes? / ...
   - A Venio de casa.
   - B Vengo de casa.
2. ¿A qué venís? / ...
   - A Venimos a visitar el piso.
   - B Vienimos a visitar el piso.
3. ... / Preferimos los perros.
   - A ¿Preferéis los perros o los gatos?
   - B ¿Preferís los perros o los gatos?
4. ... / Prefiero ir al cine.
   - A ¿Preferes ver la tele o ir al cine?
   - B ¿Prefieres ver la tele o ir al cine?
5. ¿Cuándo empezáis a visitar pisos? / ...
   - A Empiezamos este jueves.
   - B Empezamos este jueves.
6. ... / ¡Empiezo hoy!
   - A ¿Cuándo empiezas a trabajar?
   - B ¿Cuándo empezas a trabajar?

Tema Les familles recomposées

Dites quelle est la relation entre les différentes personnes de ces familles recomposées.
Julia y Andrés están separados. Tienen una hija juntos: Andrea. Julia vive con Carlos, que tiene un hijo de un matrimonio anterior: Daniel. Andrés vive con Ana y tienen un hijo juntos: Nicolás.

Corrigé page 79

1. Carlos es...
   - A el padre de Andrea.
   - B el padrastro de Andrea.
   - C el hermanastro de Andrea.
2. Andrea es...
   - A la hermanastra de Daniel.
   - B la hermana de Daniel.
   - C la madrastra de Daniel.

3. Julia es...
   - A la madre de Daniel.
   - B la madrastra de Daniel.
   - C la hermanastra de Daniel.

4. Nicolás es...
   - A el hermano de Andrea.
   - B el hermanastro de Andrea.
   - C el padrastro de Andrea.

Verbes ÚTILES

disculpar	*excuser*
empezar	*commencer* À noter : v. à diphtongue.
encantar	*enchanter*
gustar	*plaire*
lavar	*laver*
limpiar	*nettoyer*
preferir	*préférer* À noter : v. à diphtongue.
querer	*aimer* À noter : v. à diphtongue.
venir	*venir*
visitar	*visiter*

Grands nombres

mil	*mille*
dos mil	*deux mille*
cien mil	*cent mille*
ciento cincuenta mil	*cent cinquante mille*
un millón	*un million*
cien millones	*cent millions*
mil millones	*un milliard*

L'appartement

el alquiler	*le loyer*
el barrio	*le quartier*
la cocina	*la cuisine*
el comedor	*la salle à manger*
el dormitorio	*la chambre à coucher*
la ducha	*la douche*
el cuarto de baño	*la salle de bains*
la habitación	*la pièce*
el piso	*l'appartement*
el salón	*le salon*

Meubles et électroménager

la cama	*le lit*
el electrodoméstico	*l'électroménager*
el frigorífico	*le réfrigérateur*
el horno	*le four*
la lavadora	*la machine à laver*
el microondas	*le micro-ondes*
el mueble	*le meuble*
la silla	*la chaise*
el sillón	*le fauteuil*
el váter	*le WC*

La famille recomposée

separado/a	*séparé/e*
divorciado/a	*divorcé/e*

la pareja	*le couple*
el padrastro	*le beau-père*
la madrastra	*la belle-mère*
el hermanastro / la hermanastra	*le demi-frère / la demi-soeur* À noter : ces deux termes s'emploient lorsqu'il n'y a pas de parent en commun ; si l'un des deux parents est commun, on dit alors tout simplement el **hermano, la hermana**.

Noms

el animal	*l'animal*
el perro	*le chien*
el gato	*le chat*

Adjectifs

agradable	*agréable*
amable	*aimable*
antiguo/a	*ancien/ne*
barato/a	*bon marché*
caro/a	*chèr/e*
desagradable	*désagréable*
feo/a	*laid/e*
grande	*grand/e*
limpio/a	*propre*
pequeño/a	*petit/e*
ruidoso/a	*bruyant/e*
sucio/a	*sale*
viejo/a	*vieux, vieille*

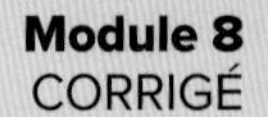

Module 8
CORRIGÉ

ESENCIALES

PAGE 69

Compter à partir de 1000

1 (A) | 2 (C) | 3 (B) | 4 (C) | 5 (A) | 6 (B) | 7 (C) | 8 (B)

PAGE 70

La maison : pièces et meubles

1 (B) | 2 (B) | 3 (A) | 4 (A) | 5 (B)

Qualités et défauts

1 (B) | 2 (A) | 3 (A) | 4 (B) | 5 (B) | 6 (A) | 7 (B)

PAGE 71

La construction des verbes du type ***gustar***, ***encantar***, etc.

1 (B) | 2 (C) | 3 (A) | 4 (C) | 5 (B) | 6 (A) | 7 (C)

1 (B) | 2 (A) | 3 (B) | 4 (B) | 5 (A) | 6 (A)

PAGE 72

Querer ou ***gustar*** ?

1 (A) | 2 (A) | 3 (B) | 4 (A) | 5 (B) | 6 (B)

PAGE 73

Le superlatif et l'exclamation

1 (B) | 2 (A) | 3 (B) | 4 (C) | 5 (A) | 6 (B)

PAGE 74

Donner un ordre, au tutoiement et au vouvoiement

1 (A) | 2 (B) | 3 (B) | 4 (B) | 5 (A) | 6 (B) | 7 (A) | 8 (B) | 9 (A)

PAGE 75

Conjugaisons : ***venir***, ***empezar***, ***preferir***

1 (B) | 2 (A) | 3 (B) | 4 (B) | 5 (B) | 6 (A)

Les familles recomposées

1 (B) | 2 (A) | 3 (B) | 4 (A)

Vous avez obtenu entre 0 et 12 ? ¡Ay, ay, ay!

Vous avez obtenu entre 13 et 25 ? Muy justito...

Vous avez obtenu entre 26 et 38 ? No está mal, pero...

Vous avez obtenu entre 39 et 51 ? Enhorabuena.

Vous avez obtenu 52 et plus ? ¡Eres un auténtico fenómeno!

Module 9
ESENCIALES

Tema Description physique et caractère

Cochez, pour chaque phrase proposée, celle qui dit le contraire.

Corrigé page 89

1. Es baja.
   - A Es rubia.
   - B Es alta.
2. Son tontos.
   - A Son listos.
   - B Son morenos.
3. Sois delgados.
   - A Sois pelirrojos.
   - B Sois gordos.
4. Somos buenas.
   - A Somos inteligentes.
   - B Somos malas.

Tema Le visage

Cochez pour chaque phrase l'élément du visage qui convient.

Corrigé page 89

1. Tengo las ... pequeñas.
   - A dientes
   - B ojos
   - C orejas
2. Llevas el ... largo.
   - A nariz
   - B cara
   - C pelo
3. Tienen la ... roja.
   - A nariz
   - B pelo
   - C labio
4. Tenéis los ... grandes.
   - A dientes
   - B bocas
   - C caras
5. Tienes los ... verdes.
   - A lenguas
   - B ojos
   - C orejas
6. Tiene los ... pequeños.
   - A lenguas
   - B labios
   - C bocas

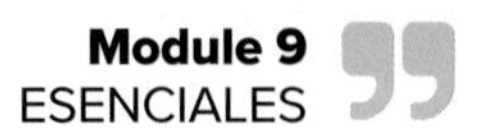

Tema « Trop », « trop de », « assez » et « assez de »

Complétez les phrases avec la forme adéquate.

Corrigé page 89

1. Mis vecinos son ... simpáticos.
   A bastante — B bastantes

2. Esta chica es ... antipática.
   A bastanta — B bastante

3. Estamos ... enfadados contigo.
   A bastante — B bastantes

4. No leéis ... libros.
   A bastante — B bastantes

5. ¿Hay ... sillas?
   A bastante — B bastantes — C bastantas

6. Mis hermanas están ... bien, gracias.
   A bastante — B bastantes — C bastantas

7. Mis amigas ven ... la tele.
   A demasiado — B demasiada — C demasiadas

8. Me gustan ... las fiestas.
   A demasiado — B demasiados — C demasiadas

9. Estos pisos son ... caros.
   A demasiado — B demasiados — C demasiadas

10. Tenéis ... amigas en Facebook.
    A demasiado — B demasiada — C demasiadas

11. Tengo tres cumpleaños esta semana: ¡son ...!
    A demasiado — B demasiados — C demasiadas

12. Comen ... carne.
    A demasiado — B demasiada — C demasiados

Module 9
ESENCIALES

Tema « Avoir envie de... »

*Dans les phrases suivantes, remplacez « **tener ganas de** » par la construction équivalente de « **apetecer** »*

Corrigé page 89

1. No tengo ganas de ir al cine.
   - A No me apetece de ir al cine.
   - B No me apetece ir al cine.
   - C No me apetezco ir al cine.

2. ¿Tienes ganas de hacer una fiesta de cumpleaños?
   - A ¿Te apeteces de hacer una fiesta de cumpleaños?
   - B ¿Te apetece hacer una fiesta de cumpleaños?
   - C ¿Te apetece de hacer una fiesta de cumpleaños?

3. No tiene usted ganas de fiestas.
   - A No le apetecen las fiestas.
   - B No se apetece las fiestas.
   - C No se apetecen de las fiestas.

4. Tenemos ganas de unos churros.
   - A Nos apetece de unos churros.
   - B Nos apetecemos unos churros.
   - C Nos apetecen unos churros.

5. No tienen ganas de ver a nadie.
   - A No les apetecen ver a nadie.
   - B No les apetece ver a nadie.
   - C No les apetecen de ver a nadie.

6. ¿Tenéis ganas de ir de compras?
   - A ¿Os apetecen de ir de compras?
   - B ¿Os apetece ir de compras?
   - C ¿Os apetecéis ir de compras?

Tema Sens et constructions du verbe *parecer*

Quelle est la bonne traduction des phrases suivantes ?

Corrigé page 89

1. Elle me semble sympathique.
   - A La parezco simpática.
   - B Se parezco simpática.
   - C Me parece simpática.

2. Les voisins te semblent agréables ?
   - A ¿Pareces agradables los vecinos?
   - B ¿Te parecen agradables los vecinos?
   - C ¿Se pareces agradables los vecinos?

3. Il nous semble que nous le connaissons.
   - A Parecemos que lo conocemos.
   - B Nos parece que lo conocemos.
   - C Nos parecemos que lo conocemos.

4. Je ressemble à mon grand-père.
   - A Me parezco a mi abuelo.
   - B Me parece a mi abuelo.
   - C Se parezco a mi abuelo.

5. Vous vous ressemblez.
   - A Vosotros parecéis.
   - B Os parecéis.
   - C Os parece.

6. Tu me ressembles beaucoup.
   - A Me pareces mucho.
   - B Te parezco mucho.
   - C Te pareces mucho a mí.

Tema Une tournure idiomatique : *caer bien / mal*, etc.

Quelle est la bonne traduction des phrases suivantes ?

Corrigé page 89

1. Me caes muy bien.
   - A Je te trouve très sympathique.
   - B Tu me trouves très sympathique.

2. Le cae mal a mi madre.
   - A Ma mère ne l'aime pas.
   - B Il n'aime pas ma mère.

3. ¿Cómo te caen?
   - A Que pensent-ils de toi ?
   - B Que penses-tu d'eux ?

4. Les caigo fatal.
   - A Je ne les supporte pas.
   - B Ils ne me supportent pas.

5. Creo que os caemos regular.
   - A Je crois que nous vous aimons moyennement.
   - B Je crois que vous nous aimez moyennement.

6. Nos caen fenomenal.
   - A Nous les adorons.
   - B Ils nous adorent.

Tema Adjectifs et pronoms possessifs

Complétez ces phrases avec la séquence de pronoms possessifs correcte.

Corrigé page 89

1. ... cumpleaños es el jueves y ... es el domingo.
   - A Mío / el tu
   - B Mi / el tuyo
   - C Mis / los tuyos

2. ... gafas son negras y ... son marrones.
   - A Tus / las sus
   - B Tu / el suya
   - C Tus / las suyas

3. ... nariz es pequeña y ... es grande.
   - A Su / el mío
   - B Su / la mía
   - C Sus / los míos

4. ... amigos son simpáticos y ... son pijos.
   - A Nuestros / los vuestros
   - B Nuestros / las vosotras
   - C Nos / los vo

5. ... casa es amarilla y ... es azul.
   - A Os / mía
   - B Usted / la mía
   - C Vuestra / la mía

Tema La traduction de « mais »

Par quel terme rendriez-vous « mais » dans les phrases suivantes ?

Corrigé page 89

1. Quiero adelgazar ... no quiero hacer deporte.
   - A pero
   - B sino
   - C sino que

2. No es rubia ... morena.
   - A pero
   - B sino
   - C sino que

3. Me gustan los regalos ... no me gustan las fiestas.
   - A pero
   - B sino
   - C sino que

4. No es solo tonto ... también antipático.
   - A pero
   - B sino
   - C sino que

5. No solo hablo chino ... también lo escribo.
   - A pero
   - B sino
   - C sino que

Tema Quelques usages des prépositions

Introduisez la préposition manquante.

Corrigé page 89

1. ¿Crees ... Dios?
   - A a
   - B en
   - C de

2. No es mala, pero ... mi opinión es demasiado pija.
   - A a
   - B en
   - C con

3. No es feo, pero ... mi gusto es demasiado bajo.
   A en   B de   C para

4. ¿Estáis seguros ... que no queréis venir?
   A en   B de   C con

5. ¿Estáis enfadados ... serio?
   A a   B de   C en

6. Pienso mucho ... ti.
   A a   B en   C por

Verbes ÚTILES

adelgazar	*maigrir*
apetecer	*faire envie*
caer	*tomber*
conocer	*connaître*
creer	*croire* À noter : attention à la préposition : **creer en**, *croire à.*
parecer	*sembler*
parecerse	*ressembler*
regalar	*offrir*

Portrait physique

alto/a	*grand/e*
bajo/a	*petit/e*
delgado/a	*maigre, mince*
gordo/a	*gros/se*
moreno/a	*brun/e*
pelirrojo/a	*roux, rousse*
rubio/a	*blond/e*

Portrait moral, humeurs et caractères

antipático/a	*antipathique*
bueno/a	*bon/ne, gentil/le*
enfadado/a	*fâché/e*
inteligente	*intelligent/e*
listo/a	*intelligent/e, malin/e*
malo/a	*mauvais/e, méchant/e*
pijo/a	*BCBG*
simpático/a	*sympathique*

Le visage

la boca	*la bouche*
la cara	*le visage*
el diente	*la dent*
las gafas	*les lunettes*
el labio	*la lèvre*
la lengua	*la langue*
la nariz	*le nez*
el ojo	*l'œil*
la oreja	*l'oreille*
el pelo	*les cheveux*

Exprimer l'opinion

en absoluto	*pas du tout, absolument pas*
en mi opinión	*à mon avis*
en serio	*sérieusement, pour de bon*
estoy seguro/a de que	*je suis sûr/e que*
para mi gusto	*à mon goût*

Module 9
ESENCIALES

Les couleurs

el color	*la couleur*
amarillo/a	*jaune*
azul	*bleu/e*
blanco/a	*blanc/he*
marrón	*marron*
negro/a	*noir/e*
rojo/a	*rouge*
verde	*vert/e*

Quantificateurs

bastante(s)	*assez* (adv. inv.) / *assez de* (adj.)
demasiado(s), demasiada(s)	*trop* (adv. inv.) / *trop de* (adj.)

Pronoms possessifs

el (los) mío(s), la(s) mía(s)	*le(s) mien(s), la (les) mienne(s)*
el (los) tuyo(s), la(s) tuya(s)	*le(s) tien(s), la (les) tienne(s)*
el (los) suyo(s), la(s) suya(s)	*le(s) sien(s), la (les) sienne(s)*
el (los) nuestro(s), la(s) nuestra(s)	*le(s) nôtre(s), la (les) nôtre(s)*
el (los) vuestro(s), la(s) vuestra(s)	*le(s) vôtre(s), la (les) vôtre(s)*
el (los) suyo(s), la(s) suya(s)	*le(s) leur(s), la (les) leur(s)*

Noms

el cumpleaños	*l'anniversaire* À noter : **¡Feliz cumpleaños!**, *Joyeux anniversaire !*
las ganas	*l'envie* À noter : **tener ganas**, *avoir envie.*
la fiesta	*la fête* À noter : **¡Felices fiestas!**, *Joyeuses fêtes !*

Module 9
CORRIGÉ

ESENCIALES

PAGE 80

Description physique et caractère

1 B 2 A 3 B 4 B

Le visage

1 C 2 C 3 A 4 A 5 B 6 B

PAGE 81

« Trop », « trop de », « assez » et « assez de »

1 A 2 B 3 A 4 B 5 B 6 A 7 A 8 A 9 A 10 C 11 B 12 B

PAGE 82

« Avoir envie de... »

1 B 2 B 3 A 4 C 5 B 6 B

PAGE 83

Sens et constructions du verbe ***parece***r

1 C 2 B 3 B 4 A 5 B 6 C

PAGE 84

Une tournure idiomatique : ***caer (bien, mal,*** *etc.****)***

1 A 2 A 3 B 4 B 5 B 6 A

Adjectifs et pronoms possessifs

1 B 2 C 3 B 4 A 5 C

PAGE 85

La traduction de « mais »

1 A 2 B 3 A 4 B 5 C

Quelques usages des prépositions

1 B | 2 B | 3 C 4 B 5 C 6 B

Vous avez obtenu entre 0 et 10 ? ¡Ay, ay, ay!

Vous avez obtenu entre 11 et 21 ? Muy justito...

Vous avez obtenu entre 22 et 32 ? No está mal, pero...

Vous avez obtenu entre 33 et 43 ? Enhorabuena.

Vous avez obtenu 44 et plus ? ¡Eres un auténtico fenómeno!

Module 10
ESENCIALES

Tema Un peu d'orthographe

Corrigé page 99

Cochez la bonne orthographe des mots suivants en espagnol.

1. psychologie
   - A psicología
   - B psycología
   - C psychología
2. philosophie
   - A philosophía
   - B filosofía
   - C philosofía
3. kinésithérapie
   - A physiotherapia
   - B fisiotherapia
   - C fisioterapia
4. gymnastique
   - A gymnasia
   - B gimnasia
   - C gymnasya
5. mathématiques
   - A matemáticas
   - B mathemáticas
   - C matemathicas
6. orthographe
   - A orthographía
   - B orthografía
   - C ortografía
7. physique
   - A física
   - B fysica
   - C physica

Tema Mots pièges du vocabulaire des études

Corrigé page 99

Placez le mot qui convient dans la phrase proposée.

1. ¿A qué hora tienes ... de historia?
   - A curso
   - B clase
2. ¿Vamos a ...?
   - A curso
   - B clase
3. ¿En qué ... estás?
   - A curso
   - B clase

4. El Bachillerato español tiene dos ..., primero y segundo.
   A cursos B clases

5. Historia del arte es la ... que más me gusta.
   A firma B asignatura

6. Tienes una bonita ...
   A firma. B asignatura.

7. Soy más bien de letras y siempre ... matemáticas.
   A apruebo B suspendo

8. Y yo soy de ciencias y nunca ... lengua castellana.
   A apruebo B suspendo

Tema L'article masculin et l'article neutre

Complétez ces phrases avec l'article qui convient.

Corrigé page 99

1. No me gusta tu gazpacho, prefiero ... de mi madre.
   A el B lo

2. ... bueno de estudiar Historia del arte es que hay muchas chicas.
   A El B Lo

3. A ti te encanta el profesor de física y a mí ... de lengua.
   A el B lo

4. Mi hermano es ... mejor alumno del instituto.
   A el B lo

5. ¿A ti qué es ... que te gusta en la vida?
   A el B lo

6. En una película de policías siempre están ... bueno y ... malo.
   A el / el B lo / lo C el / lo D lo / el

7. En la vida hay que saber juntar ... útil con ... agradable.
   A el / el   B lo / lo   C el / lo   D lo / el

8. ... que se matricula en Medicina sabe ... que hace: una carrera larga y difícil.
   A El / el   B Lo / lo   C El / lo   D Lo / el

Tema Pronoms et adjectifs indéfinis

Corrigé page 99

Introduisez la forme correcte de l'indéfini dans la phrase proposée.

1. No me gusta ... asignatura científica.
   A ninguno   B ninguna   C nadie

2. ... carreras son largas y difíciles.
   A Alguna   B Algunas   C Alguien

3. Todas las semanas visito ... museo.
   A algún   B alguno   C algunos

4. ¿Hay ... aquí?
   A ningún   B algún   C alguien

5. ... días no me puedo levantar.
   A Algunas   B Algunos   C Algún

6. Quiero decirte ...
   A algo.   B nada.   C alguno.

7. ... de mis amigos estudia una carrera científica.
   A Ningún   B Ninguno   C Ninguna

8. No tengo ... amigo médico.
   A nadie   B ninguno   C ningún

9. Siempre veo ... serie antes de acostarme.
   A algo   B alguien   C alguna

Tema L'obligation personnelle et impersonnelle

À chaque phrase est associée une réponse en forme d'obligation. Cochez la seule formulation grammaticalement correcte.

Corrigé page 99

1. No tengo buenas notas en letras. / ...
   - A Hay que leas más.
   - B Tienes que leer más.
   - C Tienes leer más.

2. Mi hermano nunca aprueba Historia. / ...
   - A Tienes que ayudarle.
   - B Hay que le ayudas.
   - C Hay ayudarle.

3. La carrera que les gusta no es fácil. / ...
   - A Tienen estudiar mucho.
   - B Tienen que estudiar mucho.
   - C Hay que estudien mucho.

4. Mi hija quiere dedicarse a la música. / ...
   - A Para eso tiene que tenga talento.
   - B Para eso tiene tener talento.
   - C Para eso hay que tener talento.

5. Estamos siempre cansados. / ...
   - A Hay que acostarse antes.
   - B Tenéis que acostarse antes.
   - C Tenéis acostaros antes.

Module 10
ESENCIALES

Tema Une tournure idiomatique : « avoir du mal à... »

Quelle est la phrase correcte bâtie sur les éléments fournis ?

Corrigé page 99

1. yo / levantarse temprano
   - A Me cuesto trabajo de levantarme temprano.
   - B Cuesto trabajo levantarse temprano.
   - C Me cuesta trabajo levantarme temprano.

2. nosotros / elegir una carrera
   - A Nos cuesta trabajo elegir una carrera.
   - B Costamos trabajo elegir una carrera.
   - C Nos costamos trabajo de elegir una carrera.

3. vosotras / aprender idiomas
   - A Os cuesta trabajo de aprender idiomas.
   - B Os costáis trabajo de aprender idiomas.
   - C Os cuesta trabajo aprender idiomas.

4. mi hijo / conseguir un buen empleo
   - A Mi hijo cuesta trabajo de conseguir un buen empleo.
   - B A mi hijo le cuesta trabajo conseguir un buen empleo.
   - C A mi hijo se cuesta trabajo conseguir un buen empleo.

5. tú / las asignaturas de ciencias
   - A Te cuestan trabajo las asignaturas de ciencias.
   - B Te cuestas trabajo las asignaturas de ciencias.
   - C Cuesta trabajo de las asignaturas de ciencias.

6. mis padres / entenderme
   - A A mis padres les cuesta trabajo entenderme.
   - B A mis padres le cuestan trabajo entenderme.
   - C A mis padres les cuestan trabajo de entenderme.

Tema Conjugaison : les verbes à affaiblissement

Introduisez la forme verbale conjuguée correcte dans chaque phrase.

Corrigé page 99

1. ¿Por qué no le [pedir] disculpas?
   (A) pedes (B) pides (C) pedis

2. Mis padres [decir] que tengo que ser alguien en la vida.
   (A) decen (B) decien (C) dicen

3. Cuando suspendemos, no lo [decir].
   (A) decimos (B) dicimos (C) dicemos

4. Usted [pedir] demasiado.
   (A) pede (B) piede (C) pide

5. ¿Qué ...?
   (A) dicéis (B) diecís (C) decís

6. Yo no te ... nunca nada.
   (A) pedo (B) pido (C) piedo

Certains verbes à affaiblissement présentent des particularités orthographiques. Choisissez pour chaque phrase la forme correcte.

Corrigé page 99

1. Nunca [conseguir] aprobar matemáticas.
   (A) consigo (B) consiguo (C) consego

2. Hoy muchas chicas [elegir] carreras científicas.
   (A) eligen (B) elegen (C) eliguen

3. Entre ver la tele y visitar un museo, [elegir] el museo.
   (A) eligo (B) elego (C) elijo

4. ¿Cómo lo hacéis? ¡Siempre [conseguir] buenas notas!
   (A) consiguís (B) conseguís (C) consiguéis

Module 10
ESENCIALES

Tema Les gérondifs irréguliers

Introduisez la bonne forme du gérondif dans ces formes progressives.

Corrigé page 99

1. ¿Estáis ...?
   - A dormiendo
   - B duermiendo
   - C durmiendo

2. Están ... algo importante.
   - A diciendo
   - B deciendo
   - C dieciendo

3. Esta casa se está ...
   - A cayendo.
   - B caendo.
   - C caiendo.

4. Te estás ... demasiada carne.
   - A serviendo
   - B sirviendo
   - C sirvendo

5. Estoy ... a clase.
   - A endo
   - B yendo
   - C iendo

Tema La continuité de l'action

*Pour exprimer la même idée que dans la phrase proposée, vous pouvez utiliser la périphrase verbale **seguir** + gérondif. Cochez-en la forme correcte.*

Corrigé page 99

1. Todavía estudiamos.
   - A Seguimos estudiando.
   - B Siguimos estudiando.
   - C Siguemos estudiendo.

2. ¿Todavía creéis en Papá Noel ?
   - A ¿Seguéis creando en Papá Noel?
   - B ¿Seguís creyendo en Papá Noel?
   - C ¿Siguís creendo en Papá Noel?

3. A su edad, ¿tienen todavía ganas de salir?
   - A ¿Seguen tenando ganas de salir?
   - B ¿Seguen tieniendo ganas de salir?
   - C ¿Siguen teniendo ganas de salir?

4. Con sesenta años todavía lee cómics.
   - A Con sesenta años segue leendo cómics.
   - B Con sesenta años sigue leyendo cómics.
   - C Con sesenta años sige leando cómics.

5. Con treinta años todavía pido ayuda a mis padres.
   - A Con treinta años sigo pidiendo ayuda a mis padres.
   - B Con treinta años siguo pediendo ayuda a mis padres.
   - C Con treinta años sego pidiendo ayuda a mis padres.

6. ¿Todavía piensas en mí?
   - A ¿Siges piensando en mí?
   - B ¿Segues piensando en mí?
   - C ¿Sigues pensando en mí?

Verbes ÚTILES

aprobar	*réussir un examen* À noter : v. à dipht.
conseguir	*obtenir* À noter : v. à affaiblissement.
costar	*coûter* À noter : v. à dipht.
elegir	*choisir* À noter : v. à affaiblissement.
leer	*lire*
matricularse	*s'inscrire* (études)
pedir	*demander* À noter : v. à affaiblissement.
seguir	*suivre* / + gérondif, *continuer à* À noter : v. à affaiblissement.
suspender	*rater un examen*

Module 10
ÚTILES

Les études

asignatura	*matière scolaire*
filosofía	*philosophie*
física	*physique*
gimnasia	*gymnastique*
matemáticas	*mathématiques*
música	*musique*
bachillerato	*cycle du lycée*
la carrera	*les études universitaires*
la clase	*le cours*
el curso	*l'année scolaire*
firma	*signature*
fisioterapia	*kinésithérapie*
instituto	*lycée*
medicina	*médecine*
nota	*note*
ortografía	*orthographe*
psicología	*psychologie*
ser de letras	*être littéraire*
ser de ciencias	*être scientifique*

Les indéfinis

alguien	*quelqu'un*
algo	*quelque chose*
algún, alguno(s)	*un, quelque, un certain, certains*
alguna(s)	*une, quelque, une certaine, certaines*
ningún, ninguno, ninguna	*aucun/e*

ESENCIALES

PAGE 90

Un peu d'orthographe

1 A 2 B 3 C 4 B 5 A 6 C 7 A

Mots pièges du vocabulaire des études

1 B 2 B 3 A 4 A 5 B 6 A 7 B 8 A

PAGE 91

L'article masculin et l'article neutre

1 A 2 B 3 A 4 A 5 B 6 A 7 B 8 C

PAGE 92

Pronoms et adjectifs indéfinis

1 B 2 B 3 A 4 C 5 B 6 A 7 B 8 C 9 C

PAGE 93

L'obligation personnelle et impersonnelle

1 B 2 A 3 B 4 C 5 A

PAGE 94

Une tournure idiomatique : « avoir du mal à... »

1 C 2 A 3 C 4 B 5 A 6 A

PAGE 95

Conjugaison : les verbes à affaiblissement

1 B 2 C 3 A 4 C 5 C 6 B

1 A 2 A 3 C 4 B

PAGE 96

Les gérondifs irréguliers

1 C 2 A 3 A 4 B 5 B

La continuité de l'action

1 A 2 B 3 C 4 B 5 A 6 C

Vous avez obtenu entre 0 et 12 ? ¡Ay, ay, ay!

Vous avez obtenu entre 13 et 25 ? Muy justito...

Vous avez obtenu entre 26 et 38 ? No está mal, pero...

Vous avez obtenu entre 39 et 51 ? Enhorabuena.

Vous avez obtenu 52 et plus ? ¡Eres un auténtico fenómeno!

Module 11
ESENCIALES

Tema Les conjonctions : « ou » / « et »

Avec quelle forme de la conjonction « ou » doit-on compléter ces phrases ?

Corrigé page 108

1. ¿Qué vas a elegir después del Bachillerato: trabajar ... ir a la Universidad?
   A o B u
2. Busco un trabajillo, clases particulares ... otra cosa.
   A o B u
3. ¿Me prestas siete ... ocho euros, por favor?
   A o B u
4. ¿A quién prefieres, a Paco ... a mí?
   A o B u
5. ¿Te gusta más trabajar con mujeres ... hombres?
   A o B u

Même exercice, pour la conjonction « et ».

Corrigé page 108

1. ¿Alquilamos un piso juntos tú ... yo?
   A y B e
2. Tengo amigos españoles ... italianos.
   A y B e
3. Tengo buenas notas en Geografía ... Historia.
   A y B e
4. Nos sentamos aquí ... hablamos, ¿vale?
   A y B e
5. Es morena ... lleva el pelo largo.
   A y B e

Tema Dire un prix

Choisissez, pour chaque phrase, la bonne lecture de la somme.

Corrigé page 108

1. El alquiler de este piso son 958 €.
   - (A) noventa quinientos ocho euros
   - (B) novecientos cincuenta euros y ocho
   - (C) novecientos cincuenta y ocho euros

2. Gano 515 € más que tú.
   - (A) quinientos euros con quince
   - (B) quinientos quince euros
   - (C) cincuenta y quince euros

3. El recibo del agua son 67,78 €.
   - (A) sesenta y siete euros con setenta y ocho
   - (B) setenta y seis euros setenta y ocho céntimos
   - (C) sesenta y siete euros ochenta y siete céntimos

4. Son 56,30 €.
   - (A) cincuenta y seis euros con treinta céntimos
   - (B) quinientos seis con treinta céntimos
   - (C) sesenta y cinco euros y treinta céntimos

Tema Lexique : dépenses et économies

Cochez la phrase qui exprime la même idée.

Corrigé page 108

1. Con la beca no llego a fin de mes.
   - (A) No gasto nada.
   - (B) No ahorro nada.

2. Pago los recibos y el alquiler y no me queda nada.
   - (A) No gasto nada.
   - (B) No ahorro nada.

3. Ni salgo, ni bebo, ni fumo.
   - (A) No gasto nada.
   - (B) No ahorro nada.

4. Tengo varios trabajillos y vivo en casa de mis padres.
   - A No gasto nada.
   - B No ahorro nada.

5. Nunca invito a nadie y todo el dinero que gano es para mí.
   - A No gasto nada.
   - B No ahorro nada.

Tema Exprimer la nécessité

Complétez les phrases données avec la seule formule correcte.

Corrigé page 108

1. Si quieres ahorrar ... compartir gastos.
   - A haces falta
   - B hacen falta
   - C hace falta

2. ... más clases particulares para llegar a fin de mes.
   - A Me hace falta
   - B Me hacen falta
   - C Me hago falta

3. ¿... dinero para hacer la compra?
   - A Hacéis falta
   - B Os hacéis falta
   - C Os hace falta

4. ... pagar el recibo de la luz.
   - A Hace falta que
   - B Hace falta de
   - C Hace falta

5. Si ... algo, te lo digo, ¿vale?
   - A necesito
   - B necesito de
   - C necesario

6. ... hablar contigo.
   - A Hacemos falta
   - B Necesitamos
   - C Somos necesarios de

7. No ... tener mucho dinero para ser feliz.
   - A es necesario
   - B es necesario de
   - C es necesario que

8. Para ser feliz, ... otras cosas.
   - A hacen falta de
   - B hay que
   - C se necesitan

Tema Les équivalents de « apprendre »

Complétez les phrases données avec le verbe adéquat.

Corrigé page 108

1. Si ... que alguien busca una canguro, me lo dices, ¿vale?
   - A aprendes
   - B enseñas
   - C te enteras de
2. ¿Por qué no me ... español?
   - A aprendes
   - B enseñas
   - C enteras de
3. El nuevo profesor de chino ... muy bien.
   - A aprende
   - B enseña
   - C entera
4. Para ... español, lo mejor es vivir en España unos meses.
   - A aprender
   - B enseñar
   - C enterarse de
5. No podéis seguir así: tenéis que ... gastar menos.
   - A aprender a
   - B enseñar a
   - C enteraros de
6. Yo ... lo que pasa en el mundo por la tele.
   - A aprendo
   - B enseño
   - C me entero de

Tema Une tournure idiomatique : « venir à l'idée »

Donnez la bonne traduction des phrases suivantes.

Corrigé page 108

1. J'ai une idée.
   - A Se me ocurro una idea.
   - B Se me ocurre una idea.
   - C Me ocurro una idea.
2. Si tu as une idée, appelle-moi.
   - A Si se te ocurre algo, llámame.
   - B Si te ocurres algo, llámame.
   - C Si se te ocurres algo, llámame.

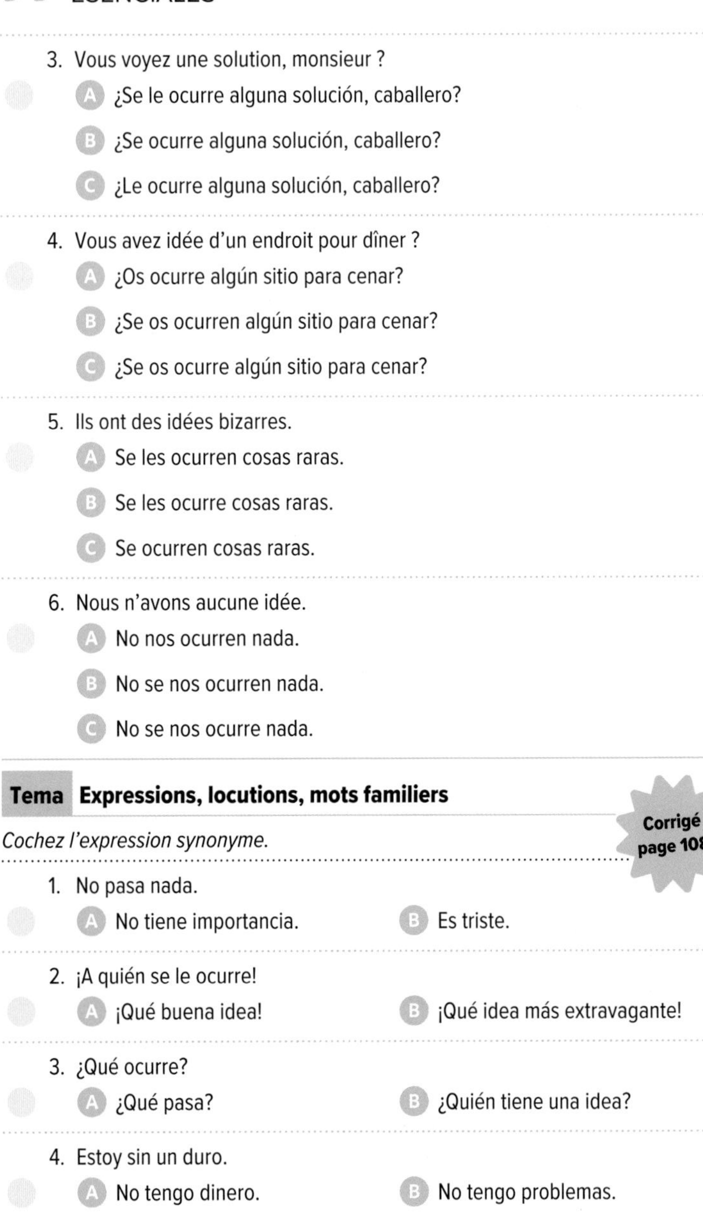

3. Vous voyez une solution, monsieur ?
   - A ¿Se le ocurre alguna solución, caballero?
   - B ¿Se ocurre alguna solución, caballero?
   - C ¿Le ocurre alguna solución, caballero?

4. Vous avez idée d'un endroit pour dîner ?
   - A ¿Os ocurre algún sitio para cenar?
   - B ¿Se os ocurren algún sitio para cenar?
   - C ¿Se os ocurre algún sitio para cenar?

5. Ils ont des idées bizarres.
   - A Se les ocurren cosas raras.
   - B Se les ocurre cosas raras.
   - C Se ocurren cosas raras.

6. Nous n'avons aucune idée.
   - A No nos ocurren nada.
   - B No se nos ocurren nada.
   - C No se nos ocurre nada.

Tema Expressions, locutions, mots familiers

Corrigé page 108

Cochez l'expression synonyme.

1. No pasa nada.
   - A No tiene importancia.
   - B Es triste.

2. ¡A quién se le ocurre!
   - A ¡Qué buena idea!
   - B ¡Qué idea más extravagante!

3. ¿Qué ocurre?
   - A ¿Qué pasa?
   - B ¿Quién tiene una idea?

4. Estoy sin un duro.
   - A No tengo dinero.
   - B No tengo problemas.

5. Quiero trabajar en lo que sea.
   - Ⓐ Quiero trabajar en algo que conozco bien.
   - Ⓑ Quiero trabajar, no me importa en qué.

6. Es un trabajillo.
   - Ⓐ Es un buen trabajo, bien pagado.
   - Ⓑ Es un trabajo para estudiantes.

Tema Connecteurs logiques : cause et concession

Complétez avec le bon connecteur logique.

Corrigé page 108

1. No consigo ahorrar ... comparto piso.
   - Ⓐ porque
   - Ⓑ y eso que

2. Me voy del piso ... me molestan mis compañeros.
   - Ⓐ porque
   - Ⓑ y eso que

3. Trabajo de repartidor de pizzas ... necesito dinero.
   - Ⓐ porque
   - Ⓑ y eso que

4. No sabe hacer la pasta ... es italiano.
   - Ⓐ porque
   - Ⓑ y eso que

5. No tiene un céntimo ... gana mucho dinero.
   - Ⓐ porque
   - Ⓑ y eso que

6. Busca horas de canguro ... le gustan los niños.
   - Ⓐ porque
   - Ⓑ y eso que

Tema Conjugaison : le verbe *oír*

Cochez la bonne forme verbale pour chaque phrase.

Corrigé page 108

1. Habla más alto, por favor. No te ... bien.
   - Ⓐ oyo
   - Ⓑ oio
   - Ⓒ oigo

2. ¡Qué ruidosos son los vecinos! ¿No los ...?
   - Ⓐ oes
   - Ⓑ oies
   - Ⓒ oyes

3. Me ... pero no me escucháis.
   - A oyéis
   - B oís
   - C oéis

4. Nunca ... cuando llaman a la puerta.
   - A oímos
   - B oyemos
   - C oyimos

5. ¿... usted lo que le estoy diciendo, caballero?
   - A Oye
   - B Oige
   - C Oigue

6. Mis abuelos no ... muy bien.
   - A oiguen
   - B oyen
   - C oien

Verbes ÚTILES

ahorrar	*économiser*
alquilar	*louer*
aprender	*apprendre* (celui qui reçoit l'enseignement)
buscar	*chercher*
compartir	*partager*
enseñar	*apprendre* (celui qui donne l'enseignement)
enterarse de	*apprendre* (recevoir une information)
escuchar	*écouter*
ganar	*gagner*
gastar	*dépenser*
llegar	*arriver*
molestar	*déranger*
necesitar	*avoir besoin de*
ocurrir	*arriver, se produire* / **ocurrirse**, *venir à l'esprit (***Se me ocurre algo**, *Une idée me vient.)*
oír	*entendre*
pagar	*payer*
prestar	*prêter*

L'argent, le travail, les dépenses

beca	*bourse* (scolaire, universitaire)
el / la canguro	*le /la baby-sitter*
céntimo	*centime*
dinero	*argent*
duro	*sou* À noter : **el duro** était, avant l'euro, l'appellation familière de la monnaie de 5 pesetas ; le terme est resté dans certaines expressions, comme pour le sou en français.
euro	*euro*
el gasto	*la dépense*
luz	*lumière, électricité*
mes	*mois*
el problema	*le problème*
el recibo	*la facture*
repartidor	*livreur*
trabajillo	*petit boulot*

Expressions et locutions

estar sin un duro	*être sans un sou*
lo que sea	*n'importe quoi*
No pasa nada	*Ce n'est pas grave.*
y eso que	*et pourtant*

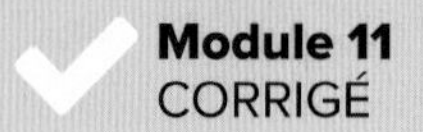

Module 11
CORRIGÉ

ESENCIALES

PAGE 100

Les conjonctions : « ou » / « et »

1 A | 2 B | 3 B | 4 A | 5 B

1 A | 2 B | 3 B | 4 A | 5 A

Dire un prix

1 C | 2 B | 3 A | 4 A

PAGE 101

Lexique : dépenses et économies

1 B | 2 B | 3 A | 4 A | 5 A

PAGE 102

Exprimer la nécessité

1 C | 2 B | 3 C | 4 C | 5 A | 6 B | 7 A | 8 C

Page 103

Les équivalents de « apprendre »

1 C | 2 B | 3 B | 4 A | 5 A | 6 C

Une tournure idiomatique : « venir à l'idée »

1 B | 2 A | 3 A | 4 C | 5 A | 6 C

Page 104

Expressions, locutions, mots familiers

1 A | 2 B | 3 A | 4 A | 5 B | 6 B

Connecteurs logiques : cause et concession

1 B | 2 A | 3 A | 4 B | 5 B | 6 A

Page 105

Conjugaison : le verbe *oír*

1 C | 2 C | 3 B | 4 A | 5 A | 6 B

Vous avez obtenu entre 0 et 10 ? **¡Ay, ay, ay!**

Vous avez obtenu entre 11 et 21 ? **Muy justito...**

Vous avez obtenu entre 22 et 32 ? **No está mal, pero...**

Vous avez obtenu entre 33 et 43 ? **Enhorabuena.**

Vous avez obtenu 44 et plus ? **¡Eres un auténtico fenómeno!**

Tema Demander des nouvelles

Il y a plusieurs formules interrogatives et constructions verbales pour demander de ses nouvelles à quelqu'un. Complétez chaque phrase avec celle qui lui convient.

Corrigé page 118

1. ¿... de ti?
   - A Cómo es
   - B Qué es
   - C Qué tal es

2. ¿... os va?
   - A Cómo tal
   - B Qué tal
   - C Qué

3. ¿... le va a tu marido?
   - A Cómo tal
   - B Cómo
   - C Qué es

4. ¿Qué ... ?
   - A ... les va a tus padres?
   - B ... están tus padres?
   - C ... es de tus padres?

5. ¿Cómo ... ?
   - A ... tal te va?
   - B ... te va?
   - C ... es de ti?

6. ¿Qué ... ?
   - A ... estáis?
   - B ... os va?
   - C ... tal estáis?

Tema Lexique : le monde du travail

Corrigé page 118

Cochez la phrase qui exprime la même idée.

1. Soy becario en un periódico.
   - A Estoy haciendo prácticas de periodista.
   - B Tengo un contrato fijo en un periódico.

2. Estoy en el paro.
   - A No tengo trabajo.
   - B Tengo un trabajillo.

3. Estoy despedido.
   - A No estoy contento con mi trabajo.
   - B Pierdo mi empleo.

4. No cobro nada.
   - A Trabajo gratis.
   - B No tengo experiencia profesional.

5. No me quejo de lo que cobro.
   - A No tengo un buen salario.
   - B Estoy contento con mi salario.

Tema La date et la durée

Cochez la préposition ou locution prépositionnelle qui convient.

Corrigé page 118

1. Trabajo en esta empresa ... un año.
   - A desde
   - B desde hace

2. No te veo ... mucho tiempo.
   - A desde
   - B desde hace

3. Estoy en el paro ... seis meses.
   - A desde
   - B desde hace

4. Soy panadera ... el año 2015.
   - A desde
   - B desde hace

5. Estoy cursando Formación Profesional ... septiembre de este año.
   - A desde
   - B desde hace

6. ¿A qué te dedicas ahora? No sé nada de ti ... el Bachillerato.
   - A desde
   - B desde hace

7. Estoy de baja ... un mes.
   - A desde
   - B desde hace

Tema L'espagnol familier

Comment réagiriez-vous aux déclarations suivantes ?

Corrigé page 118

1. Con mi formación de panadero siempre consigo trabajo.
   - A ¡Vaya rollo!
   - B ¡Qué chulo!

2. Solo consigo contratos cortos de becario.
   - A ¡Vaya rollo!
   - B ¡Qué chulo!

3. Trabajo mucho y cobro poco.
   - A ¡Vaya rollo!
   - B ¡Qué chulo!

4. Me va regular con los compañeros en el trabajo.
   - A ¡Vaya rollo!
   - B ¡Qué chulo!

5. Cuando empiezo a adquirir experiencia, me despiden.
   - A ¡Vaya rollo!
   - B ¡Qué chulo!

6. Por fin tengo un contrato largo en una empresa.
   - A ¡Vaya rollo!
   - B ¡Qué chulo!

7. No me puedo quejar, tengo un oficio agradable.
   - A ¡Vaya rollo!
   - B ¡Qué chulo!

Tema Le passé composé

Si vous mettez la phrase donnée au passé composé, qu'obtenez-vous ?

Corrigé page 118

1. ¿Qué carrera estudiáis?
   - A ¿Qué carrera hais estudiado ?
   - B ¿Qué carrera habéis estudiados?
   - C ¿Qué carrera habéis estudiado?

2. Me despiden del trabajo.
   - A Me han despedido del trabajo.
   - B Me han despidido del trabajo.
   - C Me han despedidos del trabajo.

3. No encuentro prácticas interesantes.
   - A No ho encontrado prácticas interesantes.
   - B No he encontrado prácticas interesantes.
   - C No ho encuentrado prácticas interesantes.

4. No nos quejamos.
   - A No nos hemos quejado.
   - B No nos habemos quejado.
   - C No nos somos quejados.

5. Mi hijo quiere cursar FP.
   - A Mi hijo ha quierido cursar FP.
   - B Mi hijo ha querado cursar FP:
   - C Mi hijo ha querido cursar FP.

6. ¿A qué hora sales, Carmen?
   - A ¿A qué hora has salido, Carmen?
   - B ¿A qué hora eres salida, Carmen?
   - C ¿A qué hora has salida, Carmen?

Dites quelle est la bonne traduction de ces phrases.

Corrigé page 118

1. Elles n'ont rien fait.
   - A No han hacido nada.
   - B No han hecho nada.
   - C No han hacidas nada.

2. Tu as vu quelque chose?
   - A ¿Has veído algo ?
   - B ¿Has vido algo?
   - C ¿Has visto algo?

3. Ils sont venus tôt.
   - A Son venido temprano.
   - B Son venidos temprano.
   - C Han venido temprano.

4. Vous êtes arrivés trop tard.
   - A Habéis llegado demasiado tarde.
   - B Sois llegado demasiado tarde.
   - C Sois llegados demasiado tarde.

5. Il ne s'est rien passé.
   - A No ha pasado nada.
   - B No es pasado nada.
   - C No he pasado nada.

6. Je suis passée chez toi.
   - A He pasada por tu casa.
   - B He pasado por tu casa.
   - C Soy pasada por tu casa.

Tema L'impératif (verbes à irrégularités, enclise, accentuation)

Exprimez ces obligations sous la forme d'un ordre à l'impératif.

Corrigé page 118

1. Tienes que entender a tu hija.
   - A Entiéndela.
   - B Enténdedla.
   - C Entendedla.
   - D Entiendela.

2. Tenéis que contar lo que ha pasado.
   - A Cóntalo.
   - B Contadlo.
   - C Cuéntalo.
   - D Cuentalo.

3. Tenéis que pedir contratos fijos.
   - A Pedidlos.
   - B Pedilos.
   - C Pidelos.
   - D Pídelos.

4. Tienes que conseguir unas prácticas chulas.
   - A Conséguelas.
   - B Consíguelas.
   - C Consiguedlas.
   - D Conseguidlas.

Module 12
ESENCIALES

Exprimez des ordres à l'impératif à partir des éléments fournis.

Corrigé page 118

1. tú / despertarse

A Despertate. C Despiertate.

B Despértate. D Despiértate.

2. tú / servirse

A Sérvete. C Siérvete.

B Sírvete. D Sirvete.

3. tú / seguir esta serie

A Síguela. C Seguila.

B Siguela. D Séguila.

4. tú / decir / a mí / tu nombre

A Dilome. C Dímelo.

B Dímilo. D Dílomi.

5. tú / enseñar / a nosotras / los dientes

A Enseñálasnos. C Enseñanoslas.

B Enseñálosnos. D Enséñanoslos.

6. tú / presentar / a él / tus compañeras

A Preséntaselas. C Presentalasle.

B Preséntalelas. D Presentáselas.

Tema *Pues, desde* et *después*

Quelle est la bonne traduction de ces phrases ?

Corrigé page 118

1. Tienes pues que aprender un oficio.

A Tu dois ensuite apprendre un métier.

B Tu dois donc apprendre un métier.

2. He aprendido un oficio, pues la carrera no me va a dar trabajo.
   - A J'ai appris un métier, car mes études ne vont pas me donner du travail.
   - B J'ai appris un métier, et puis mes études ne vont pas me donner du travail.

3. Pues he estudiado informática y ahora diseño páginas web.
   - A Ensuite j'ai étudié l'informatique et maintenant je conçois des pages web.
   - B Eh bien j'ai étudié l'informatique et maintenant je conçois des pages web.

4. Desde niño he querido ser panadero.
   - A Après l'enfance j'ai voulu être boulanger.
   - B Depuis l'enfance j'ai voulu être boulanger.

5. Después del Bachillerato no he hecho nada.
   - A Depuis les études secondaires je n'ai rien fait.
   - B Après les études secondaires je n'ai rien fait.

Tema Réponses affirmatives et négatives

Voici quelques mini-dialogues. Introduisez, en tête de réponse, la formule qui convient.

Corrigé page 118

1. ¿Has conseguido un contrato fijo? / ¡...! Trabajillos y nada más.
   - A ¡Claro que sí!
   - B ¡Qué va!

2. Están contentos contigo en la empresa, ¿verdad? / ¡...! Me han despedido esta mañana.
   - A ¡Claro que sí!
   - B ¡Qué va!

3. Parece que te va fatal en la Universidad. / ¡...! He aprobado todas las asignaturas.
   - A ¡Claro que sí!
   - B ¡Qué va!

4. En algunos casos las prácticas son interesantes. / ¡...! Yo he aprendido mucho como becario.
   - A ¡Claro que sí!
   - B ¡Qué va!

5. ¿Sabes diseñar páginas web? / ¡...! He cursado la carrera de informática.
   - A ¡Claro que sí!
   - B ¡Qué va!

6. ¿Tienes derecho a cobrar el paro? / ¡...! No es mucho, pero no me quejo.
   - A ¡Claro que sí!
   - B ¡Qué va!

ÚTILES

Verbes

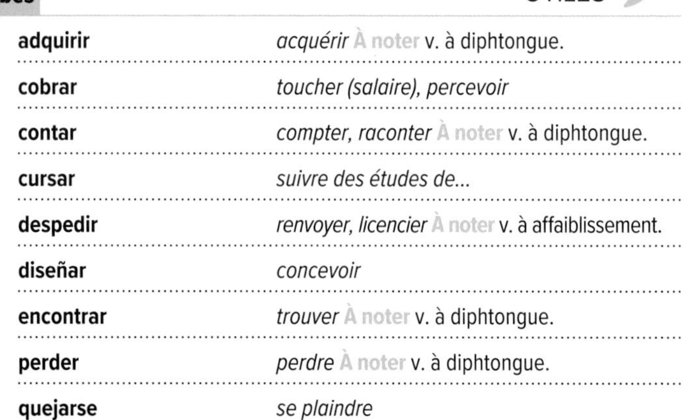

adquirir	*acquérir* À noter v. à diphtongue.
cobrar	*toucher (salaire), percevoir*
contar	*compter, raconter* À noter v. à diphtongue.
cursar	*suivre des études de...*
despedir	*renvoyer, licencier* À noter v. à affaiblissement.
diseñar	*concevoir*
encontrar	*trouver* À noter v. à diphtongue.
perder	*perdre* À noter v. à diphtongue.
quejarse	*se plaindre*

Demander et donner des nouvelles

¿Qué es de ti / de vosotros / de Pedro?	*Que deviens-tu ? / devenez-vous ? / devient Pedro ?*
¿Cómo (ou **Qué tal) te va / os va / le va a Pedro?**	*Comment ça va / Comment ça se passe pour toi / pour vous ? / pour Pedro ?*
Estoy contento/a.	*Je suis content/e.*
Me va bien / mal.	*Ça se passe bien / mal pour moi.*
(No) me quejo.	*Je (ne) me plains (pas).*
Me ha ido bien.	*Ça s'est bien passé pour moi.*

Le monde du travail

becario/a	*stagiaire*
compañero/a	*camarade*

contrato	*contrat*
despedido/a	*liencié/e*
empresa	*entreprise*
experiencia	*expérience*
fijo/a	*fixe, stable*
Formación Profesional	*Formation Professionnelle*
gratis	*gratuit, gratuitement*
informática	*informatique*
oficio	*métier*
página web	*page web*
panadero/a	*boulanger/-ère*
paro	*chômage*
periódico	*journal*
las prácticas	*le stage*
salario	*salaire*

Conjonctions, locutions, prépositions

pues	*eh bien* (en début de phrase, c'est une interjection) *car* (entre deux propositions, a une valeur causale) *donc* (après les premiers mots d'une phrase, a un sens consécutif).
desde	*depuis* (date ou point-repère : **Desde 1950**, *Depuis 1950)*
desde hace	*depuis* (durée : **Desde hace una semana**, *Depuis une semaine)*

Expressions familières

¡Qué rollo! / ¡Vaya rollo!	*C'est nul !*
¡Qué chulo!	*Chouette !*
¡Qué va!	*Tu parles !, Pas du tout !*

Module 12
CORRIGÉ

ESENCIALES

PAGE 109

Demander des nouvelles

1 B | 2 B | 3 B | 4 C | 5 B | 6 C

Lexique : le monde du travail

1 A | 2 A | 3 B | 4 A | 5 B

PAGE 110

La date et la durée

1 B | 2 B | 3 B | 4 A | 5 A | 6 A | 7 B

PAGE 111

L'espagnol familier

1 B | 2 A | 3 A | 4 A | 5 A | 6 B | 7 B

Le passé composé

1 C | 2 A | 3 B | 4 A | 5 C | 6 A

1 B | 2 C | 3 C | 4 A | 5 A | 6 B

PAGE 113

L'impératif (verbes à irrégularités, enclise, accentuation)

1 A | 2 B | 3 A | 4 B

1 D | 2 B | 3 A | 4 C | 5 D | 6 A

PAGE 114

Pues, desde et ***después***

1 B | 2 A | 3 B | 4 B | 5 B

PAGE 115

Réponses affirmatives et négatives

1 B | 2 B | 3 B | 4 A | 5 A | 6 A

Vous avez obtenu entre 0 et 11 ? **¡Ay, ay, ay!**

Vous avez obtenu entre 12 et 22 ? **Muy justito...**

Vous avez obtenu entre 23 et 33 ? **No está mal, pero...**

Vous avez obtenu entre 34 et 44 ? **Enhorabuena.**

Vous avez obtenu 45 et plus ? **¡Eres un auténtico fenómeno!**

Tema L'habillement

Dans ces phrases, le mot en rapport avec l'habillement a perdu sa terminaison. Cochez celle qui lui correspond parmi les différentes propositions.

Corrigé page 128

1. Para salir de noche lo más elegante es una fal... larga.

   A ...seta B ...dora C ...tivas D ...da

   E ...pa F ...queros G ...patos

2. Me gasto todo el dinero en las tiendas de ro...

   A ...seta. B ...dora. C ...tivas. D ...da.

   E ...pa. F ...queros. G ...patos.

3. Tengo veinte pares de za...

   A ...seta. B ...dora. C ...tivas. D ...da.

   E ...pa. F ...queros. G ...patos.

4. Me he comprado una cami... de la Universidad.

   A ...seta B ...dora C ...tivas D ...da

   E ...pa F ...queros G ...patos

5. Es un viejo rockero: siempre lleva caza... de cuero.

   A ...seta B ...dora C ...tivas D ...da

   E ...pa F ...queros G ...patos

6. Yo solo me pongo va... azules.

   A ...seta B ...dora C ...tivas D ...da

   E ...pa F ...queros G ...patos

7. Algunas depor... son carísimas.

   A ...seta B ...dora C ...tivas D ...da

   E ...pa F ...queros G ...patos

Module 13
ESENCIALES

Le mot en rapport avec l'habillement a maintenant perdu sa ou ses premières syllabes. Complétez-le en cochant l'une des différentes propositions.

Corrigé page 128

1. Hola, ¿tienen ...canas azules?

(A) cami... (B) tra... (C) ves... (D) chán...
(E) ameri... (F) cha... (G) panta...

2. En mi colegio todos los alumnos llevan ...dal.

(A) cami... (B) tra... (C) ves... (D) chán...
(E) ameri... (F) cha... (G) panta...

3. Busco una ...sa blanca talla 44.

(A) cami... (B) tra... (C) ves... (D) chán...
(E) ameri... (F) cha... (G) panta...

4. ¿Dónde está mi ...lón corto?

(A) cami... (B) tra... (C) ves... (D) chán...
(E) ameri... (F) cha... (G) panta...

5. Para ir a la ópera hay que ponerse un ...je.

(A) cami... (B) tra... (C) ves... (D) chán...
(E) ameri... (F) cha... (G) panta...

6. ¿Dónde has comprado ese ...tido tan bonito?

(A) cami... (B) tra... (C) ves... (D) chán...
(E) ameri... (F) cha... (G) panta...

7. Esta ...queta está sucia.

(A) cami... (B) tra... (C) ves... (D) chán...
(E) ameri... (F) cha... (G) panta...

Tema L'entretien d'embauche

Des deux propositions, cochez celle qui exprime la même idée que dans la phrase donnée.

Corrigé page 128

1. Tengo cita para un trabajo.
   - A Estoy capacitado para este trabajo.
   - B Vengo a una entrevista de trabajo.

2. Tengo trabajos eventuales.
   - A Trabajo algunos meses al año.
   - B Trabajo en una empresa que organiza congresos y reuniones.

3. Es un trabajo cara al público.
   - A Hay que atender directamente al cliente.
   - B Hay muchos candidatos para este trabajo.

4. ¿Cuándo me incorporo?
   - A ¿Cuánto voy a cobrar?
   - B ¿Cuándo empiezo a trabajar?

Voici quelques mini-dialogues. Introduisez en tête de réponse une des deux formules proposées.

Corrigé page 128

1. Me apasiona la moda. / [...] buscamos empleados motivados.
   - A Perfecto,
   - B Está muy bien, pero

2. La ilusión de mi vida es trabajar para ustedes. / [...] usted no tiene experiencia.
   - A Perfecto, pero
   - B Está muy bien,

3. Ya he trabajado cara al público, en un bar. / [...] esto es diferente: es una tienda de ropa.
   - A Ya, pero
   - B Está muy bien,

4. He contestado a su anuncio porque necesito un trabajillo. / [...] no queremos becarios.
   - A Perfecto, pero
   - B Está muy bien,

Module 13
ESENCIALES

Quel est le résultat de l'entretien ? Voici quelques réponses, positives ou négatives : introduisez-les en vous servant de l'une des deux formules proposées.

Corrigé page 128

1. [...] Es usted demasiado joven para este puesto.
   - A Enhorabuena, su candidatura me ha convencido.
   - B Lo siento, su perfil no es exactamente el que buscamos.
2. [...] ¿Cuándo puede usted incorporarse?
   - A Enhorabuena, su candidatura me ha convencido.
   - B Lo siento, su perfil no es exactamente el que buscamos.
3. [...] Dígame qué sueldo le parece bien para empezar.
   - A Enhorabuena, su candidatura me ha convencido.
   - B Lo siento, su perfil no es exactamente el que buscamos.
4. [...] Necesitamos personas con otro tipo de currículum.
   - A Enhorabuena, su candidatura me ha convencido.
   - B Lo siento, su perfil no es exactamente el que buscamos.

Tema Deux tournures verbales avec *dar*

Pour la traduction de ces phrases, il va falloir utiliser la locution ***dar igual****. Quelle sera la bonne construction ?*

Corrigé page 128

1. Le salaire m'est égal.
   - A Me da igual el sueldo.
   - B Me doy igual el sueldo.
2. Mes amis n'accordent pas d'importance aux habits qu'ils portent.
   - A A mis amigos se dan igual la ropa que llevan.
   - B A mis amigos les da igual la ropa que llevan.
3. Bleu, vert ou noir, les couleurs nous sont égales.
   - A Azul, verde o negro, nos dan igual los colores.
   - B Azul, verde o negro, nos damos igual los colores.

4. Je préfère mardi, si ça t'est égal.
   A Prefiero el martes, si te das igual.
   B Prefiero el martes, si te da igual.

5. Si ça vous est égal, nous nous voyons demain.
   A Si os da igual, nos vemos mañana.
   B Si os dais igual, nos vemos mañana.

Pour la traduction de ces phrases, il va falloir utiliser la locution ***darse cuenta****.*
Quelle sera la bonne construction ?

Corrigé page 128

1. Vous rendez-vous compte de ce que vous dites ?
   A ¿Le da usted cuenta de lo que dice?
   B ¿Se da usted cuenta de lo que dice?

2. Pardon, je ne me suis pas rendu compte.
   A Disculpe, no me he dado cuenta.
   B Disculpe, no me ha dado cuenta.

3. Je ne me rends compte de rien.
   A No me doy cuenta de nada.
   B No me da cuenta de nada.

4. Vous ne vous rendez pas compte de certaines choses.
   A No os dan cuenta de algunas cosas.
   B No os dais cuenta de algunas cosas.

5. Beaucoup de clients ne se rendent pas compte que c'est cher.
   A Muchos clientes no les dan cuenta de que es caro.
   B Muchos clientes no se dan cuenta de que es caro.

6. Nous ne nous sommes pas rendu compte de l'heure.
   A No nos hemos dado cuenta de la hora.
   B No nos ha dado cuenta de la hora.

Module 13
ESENCIALES

Tema L'adverbe de manière

*Quelle sera la forme de l'adverbe en **-mente** dans les phrases suivantes ?*

Corrigé page 128

1. Estoy ... de acuerdo con usted.
   - A enteromente
   - B enteramente
2. No es usted ... el tipo de empleado que buscamos.
   - A exactomente
   - B exactamente
3. Hay que atender ... al cliente.
   - A amablemente
   - B amablamente
4. Aprendo idiomas muy ...
   - A fácilmente.
   - B fácilamente.
5. ... para usted, nuestros clientes son bastante simpáticos.
   - A Felizamente
   - B Felizmente
6. ... tengo un trabajo de camarero.
   - A Actualmente
   - B Actualamente

Tema *El / lo* : article masculin et article neutre

Complétez avec la formule qui donne un sens cohérent à la phrase.

Corrigé page 128

1. ¿Qué es ... en la vida?
   - A el tuyo
   - B lo tuyo
2. ... es trabajar en la moda.
   - A El mío
   - B Lo mío
3. ... la camisa blanca es mi hermano.
   - A El de
   - B Lo de
4. ... hacerme un tatuaje no me convence.
   - A El de
   - B Lo de
5. ¿... sueldo es importante para usted?
   - A El del
   - B Lo del

6. El nuevo dependiente es ... pelo largo.
   - A el del
   - B lo del

7. ¡Este chándal es ... !
   - A el mío
   - B lo mío

8. Mi vestido es clásico y ... es moderno.
   - A el suyo
   - B lo suyo

Tema Le passé composé

Comment exprimeriez-vous la phrase donnée au passé composé ?

Corrigé page 128

1. ¿Por qué te vistes así, Julia?
   - A ¿Por qué te has vestido así, Julia?
   - B ¿Por qué te has vistido así, Julia?
   - C ¿Por qué te eres vistida así, Julia?

2. No te decimos nada.
   - A No te hemos dicho nada.
   - B No te hemos decidos nada.
   - C No te hemos dichos nada.

3. Siempre soy amable con la gente.
   - A Siempre he seído amable con la gente.
   - B Siempre soy sido amable con la gente.
   - C Siempre he sido amable con la gente.

4. ¿No os ponéis el traje?
   - A ¿No os habéis posto el traje?
   - B ¿No os habéis puesto el traje?
   - C ¿No os habéis puestos el traje?

Module 13
ÚTILES

Verbes

apasionar	*passionner*
atender	*s'occuper de (un client)* À noter : v. à diphtongue.
contestar	*répondre*
convencer	*convaincre*
dar	*donner*
dar igual	*être égal*
darse cuenta	*se rendre compte*
incorporarse	*prendre un poste (travail)*
poner	*mettre* À noter : **ponerse**, à la forme pronominale, s'utilise pour dire qu'on « met » un habit.
vestirse	*s'habiller* À noter : v. à affaiblissement.

L'habillement

americana	*veste* À noter : désigne la veste que l'on coordonne avec le pantalon de son choix.
camisa	*chemise*
la camiseta	*le tee-shirt*
la cazadora	*le blouson*
chándal	*survêtement*
chaqueta	*veste* À noter : quand on parle de la veste d'un costume.
deportivas	*baskets*
falda	*jupe*
pantalón	*pantalon*
la ropa	*les habits* À noter : singulier collectif.
traje	*costume*

vaqueros	*jeans* À noter : littéralement « vachers ».
el vestido	*la robe*
los zapatos	*les chaussures*

L'entretien d'embauche

el anuncio	*l'annonce*
candidato/a	*candidat/e*
candidatura	*candidature*
capacitado/a	*apte*
cara al público	*face au public*
la cita	*le rendez-vous*
cliente/a	*client/e*
currículum	*CV*
dependiente/a	*vendeur/-euse*
entrevista	*entrevue*
eventual	*temporaire*
experiencia	*expérience*
la gente	*les gens*
la ilusión	*le rêve*
moda	*mode*
motivado/a	*motivé/e*
perfil	*profil*
puesto	*poste*
sueldo	*salaire*
la tienda	*le magasin, la boutique*

Module 13
CORRIGÉ

ESENCIALES

PAGE 119

L'habillement

1 D 2 E 3 G 4 A 5 B 6 F 7 C

1 E 2 D 3 A 4 G 5 B 6 C 7 F

PAGE 121

L'entretien d'embauche

1 B 2 A 3 A 4 B

1 A 2 A 3 A 4 A

1 B 2 A 3 A 4 B

PAGE 122

Deux tournures verbales avec ***dar***

1 A 2 B 3 A 4 B 5 A

1 B 2 A 3 A 4 B 5 B 6 A

PAGE 124

L'adverbe de manière

1 B 2 B 3 A 4 A 5 B 6 A

El / lo : article masculin et article neutre

1 B 2 B 3 A 4 B 5 B 6 A 7 A 8 A

PAGE 125

Le passé composé

1 A 2 A 3 C 4 B

Vous avez obtenu entre 0 et 10 ? **¡Ay, ay, ay!**

Vous avez obtenu entre 11 et 21 ? **Muy justito...**

Vous avez obtenu entre 22 et 32 ? **No está mal, pero...**

Vous avez obtenu entre 33 et 43 ? **Enhorabuena.**

Vous avez obtenu 44 et plus ? **¡Eres un auténtico fenómeno!**

Tema L'entreprise : un peu de lexique

Complétez chaque phrase avec la proposition correcte.

Corrigé page 138

1. No me entiendo bien con ...
   A mi jeque. B mi jefe.
2. Tengo un trabajo ...
   A de oficio. B de oficina.
3. Ha montado un buen ...
   A negocio. B negociador.
4. Nuestra empresa atraviesa ...
   A una grave crisis. B una grave crisa.
5. Para un comercio en línea no se necesita ...
   A mucha investidura. B mucha inversión.
6. Hay ... de distribución.
   A pocos costes B pocas cuestas
7. Trabajamos para ... extranjero.
   A el mercedes C el mercado
8. Internet abre ... a las empresas.
   A nuevas oportunidades B nuevas importunidades

Tema Exprimer le désagrément et la lassitude

Voici une série de phrases qui expriment désagrément ou lassitude. Quel en est l'équivalent espagnol ?

Corrigé page 138

1. Tu as mauvaise mine.
   A Tienes mala cabeza. B Tienes mala cara.
2. Je ne suis pas à l'aise.
   A No estoy a gusto. B Estoy de baja.
3. Je n'en peux plus.
   A No puedo no más. B No puedo más.

4. Je ne supporte pas mes collègues.
   - A No aguanto a mis compañeros.
   - B Horrorizo a mis compañeros.

5. Nous en avons assez.
   - A Estamos hartos.
   - B Estamos bastantes.

6. Elle est en burn out.
   - A Es quemada.
   - B Está quemada.

7. Je suis en arrêt-maladie.
   - A Estoy en paro.
   - B Estoy de baja.

Tema Il y a

Cochez la bonne traduction de « il y a ».

Corrigé page 138

1. ... una reunión a las tres.
   - A Hay
   - B Está
   - C Hace

2. ... tus compañeros en el despacho.
   - A Hay
   - B Están
   - C Hacen

3. ... dos soluciones.
   - A Hay
   - B Están
   - C Hacen

4. ... el director, ¿qué hacemos?
   - A Hay
   - B Está
   - C Hace

5. Entre mis ciudades preferidas ... Madrid.
   - A hay
   - B está
   - C hace

6. ¿... alguien?
   - A Hay
   - B Está
   - C Hace

7. Si en la reunión ... Antonio, yo no voy.
   - A hay
   - B está
   - C hace

8. Si quieres evitar intermediarios ... la Red.
   - A hay
   - B está
   - C hace

9. ... otros tipos de comercios menos tradicionales.
   - A Hay
   - B Están
   - C Hacen

10. He llegado ... una hora.
   - A hay
   - B está
   - C hace

11. No ... ninguna idea nueva.
   - A hay
   - B está
   - C hace

12. ... dos años que trabajo en esta empresa.
   - A Hay
   - B Está
   - C Hace

Tema L'adverbe de lieu : ici, là, là-bas

En fonction du contexte, dites quel est pour chaque phrase l'adverbe le plus adapté.

Corrigé page 138

1. Estoy ..., en casa, ¿pasa algo?
   - A aquí
   - B ahí
   - C allí

2. Mi primo que vive en Estados Unidos me dice que ... es fácil abrir una empresa.
   - A aquí
   - B ahí
   - C allí

3. ..., en España, tenemos un aceite de oliva bueno y barato.
   - A Aquí
   - B Ahí
   - C Allí

4. Ponga su firma ..., en ese documento.
   - A aquí
   - B ahí
   - C allí

5. ¿Qué es esa cosa que llevas ... ?
   - A aquí
   - B ahí
   - C allí

6. Sé que ..., en el extranjero, hay más trabajo, pero prefiero quedarme ..., en España.
   - A allí / aquí
   - B aquí / allí
   - C allí / ahí
   - D ahí / allí
   - E aquí / aquí

Module 14
ESENCIALES

Tema L'apocope de l'adjectif

Corrigé page 138

Cochez pour chaque phrase la forme que doit prendre l'adjectif.

1. Es mi ... día de trabajo.
   A tercera B tercero C tercer

2. Martes es ... día para salir.
   A malo B mal C mala

3. No estoy en ... red social.
   A ningún B ninguno C ninguna

4. No hay ... comercio en esta calle.
   A ningún B ninguno C ninguna

5. El agua es ... para la salud.
   A buen B bueno C buena

6. Eres una ... compañera.
   A mal B malo C mala

7. Mi empresa es ... del sector.
   A tercero B tercera C tercer

8. Es mi ... cita con ella.
   A primer B primero C primera

9. ¿Hay ... problema?
   A algún B alguno C alguna

10. Es el ... momento.
    A buen B bueno C buena

11. De los tres, te gusta ...?
    A algún B alguno C alguna

12. Es mi ... empleo.
    A primer B primero C primera

Tema Les verbes en *-uir* : *concluir, construir, destruir, distribuir, huir*

Complétez les phrases avec la forme correctement conjuguée du verbe.

Corrigé page 138

1. ... nuestros productos en varios países.
   - A Distribuyimos
   - C Distruibimos
   - B Distribuimos

2. Si ... a través de Internet ahorras bastante.
   - A distribuyes
   - C distribues
   - B distribuies

3. Se ... demasiadas casas en la costa.
   - A construen
   - C construyen
   - B construien

4. Internet crea empleos, pero también los ...
   - A destruye.
   - C destruie.
   - B destrue.

5. ... que no eres feliz en esta empresa.
   - A Concluo
   - C Concluyo
   - B Concluio

6. No soportáis las reuniones : cuando hay una, ...
   - A huyís.
   - C hiuís.
   - B huis.

Tema Formation et emplois du subjonctif présent

Cochez pour chaque phrase la forme verbale qui convient.

Corrigé page 138

1. Quiero que ... esta carta.
   - A quemes
   - B quemas

2. No quiero que ... tanto dinero.
   - A gastáis
   - B gastéis

3. Quiero que mis padres me ...
   - A comprenden.
   - B comprendan.

4. Quiero que usted me ...
   - A llama.
   - B llame.

5. Quiero que ... de tú.
   - A nos tratamos
   - B nos tratemos

6. No quiero que ... aquí.
   - A vivamos
   - B vivimos

7. No quiero que ... nada malo.
   - A ocurra
   - B ocurre

8. Quiero que ... la merienda.
   - A compartéis
   - B compartáis

9. Quiero que me ... más.
   - A escribas
   - B escribes

10. Mi mujer no quiere que ...
    - A bebo.
    - B beba.

11. Mis hijos no quieren que ... carne.
    - A coma
    - B come

12. El profesor quiere que sus alumnos ...
    - A lean.
    - B leen.

Cochez pour chaque phrase la forme verbale qui convient.

Corrigé page 138

1. Voy a levantarme antes de que ... el sol.
   - A sale
   - B sala
   - C salga
   - D salgue

2. Hago las cosas antes de que me lo ...
   - A diguan.
   - B digan.
   - C dicen.
   - D diguen.

3. Te pido que ... lo antes posible.
   - A venias
   - B vengues
   - C venges
   - D vengas

4. Mis padres siempre me piden que ... yo la mesa.
   - A pona
   - B ponga
   - C pongue
   - D pone

Si l'on transforme ces impératifs en phrases au subjonctif, qu'obtient-on ?

Corrigé page 138

1. Tened una buena formación.
   - A Quiero que tenáis una buena formación.
   - B Quiero que tenguéis una buena formación.
   - C Quiero que tengáis una buena formación.

2. Sed prudentes.
   - A Os pido que seáis prudentes.
   - B Os pido que séis prudentes.
   - C Os pido que siáis prudentes.

3. Construye una bonita casa.
   - A Quiero que construas una bonita casa.
   - B Quiero que construyas una bonita casa.
   - C Quiero que construes una bonita casa.

4. Perdóname.
   - A Te pido que me perdonas.
   - B Os pido que me perdonéis.
   - C Te pido que me perdones.

Tema L'obligation et la nécessité

Les phrases suivantes proposent diverses formules exprimant l'obligation ou la nécessité. Une seule construction est correcte à chaque fois : cochez-la.

Corrigé page 138

1. Hay que ... a los compañeros.
   - A soportar
   - B soporto
   - C soporte

2. No hay que ... en el trabajo.
   A te quemas B te quemes C quemarse

3. ¿Hace falta ... cucharas?
   A que pona B que pongo C poner

4. No hace falta que ...
   A creerme. B me creas. C me crees.

5. Hace falta... diferentes opiniones.
   A oír B que oyas C que oigues.

6. Hace falta que ... más.
   A ahorrar B ahorramos C ahorremos

7. Hay que ... al jefe.
   A aguantes B aguantas C aguantar

8. Hay que ... prisa.
   A darse B te des C te das

Verbes ÚTILES

abrir *ouvrir*

aguantar *supporter*

atravesar *traverser* À noter : v. à diphtongue.

comprender *comprendre*

concluir *conclure*

construir *construire*

crear *créer*

destruir *détruire*

distribuir *distribuer*

huir *fuir*

montar	*monter (une affaire)*
quemar	*brûler*
soportar	*supporter*

Locutions verbales

darse prisa	*se presser*

L'entreprise

comercio	*commerce*
coste	*coût*
crisis	*crise*
despacho	*bureau (la pièce)*
en línea	*en ligne*
extranjero	*étranger*
intermediario	*intermédiaire*
la inversión	*l'investissement*
jefe	*chef*
mercado	*marché*
el negocio	*l'affaire*
la oficina	*le bureau (lieu et type de travail)*
oportunidad	*possibilité*
producto	*produit*
la red	*le réseau*
reunión	*réunion*
sector	*secteur*

Module 14
CORRIGÉ

ESENCIALES

Page 129

L'entreprise : un peu de lexique

1 B | 2 B | 3 A | 4 A | 5 B | 6 A | 7 B | 8 A

Exprimer le désagrément et la lassitude

1 B | 2 A | 3 B | 4 A | 5 A | 6 B | 7 B

Page 130

Il y a

1 A | 2 B | 3 A | 4 B | 5 B | 6 A | 7 B | 8 B | 9 A | 10 C | 11 A | 12 C

Page 131

L'adverbe de lieu : ici, là, là-bas

1 A | 2 C | 3 A | 4 B | 5 B | 6 A

Page 132

L'apocope de l'adjectif

1 C | 2 B | 3 C | 4 A | 5 C | 6 C | 7 B | 8 C | 9 A | 10 A | 11 B | 12 A

Page 133

Les verbes en ***-uir*** : ***concluir***, ***construir***, ***destruir***, ***distribuir***, ***huir***

1 B | 2 A | 3 C | 4 A | 5 C | 6 B

Formation et emplois du subjonctif présent

1 A | 2 B | 3 B | 4 B | 5 B | 6 A | 7 A | 8 B | 9 A | 10 B | 11 A | 12 A

1 C | 2 B | 3 D | 4 B

1 C | 2 A | 3 B | 4 C

Page 136

L'obligation et la nécessité

1 A | 2 C | 3 C | 4 B | 5 A | 6 C | 7 C | 8 A

Vous avez obtenu entre 0 et 15 ? ¡Ay, ay, ay!

Vous avez obtenu entre 16 et 31 ? Muy justito...

Vous avez obtenu entre 32 et 47 ? No está mal, pero...

Vous avez obtenu entre 48 et 63 ? Enhorabuena.

Vous avez obtenu 64 et plus ? ¡Eres un auténtico fenómeno!

Tema Demander son chemin

Corrigé page 147

Voici quelques indications de base ; cochez le verbe espagnol équivalent. Attention : il peut y avoir plusieurs réponses justes.

1. prendre
   A poner B tomar C coger D volver
2. tourner
   A doblar B girar C torcer D seguir
3. continuer
   A buscar B volver C llevar D seguir
4. traverser
   A travesar B atravesar C cruzar D subir

Voici maintenant des adverbes, locutions et prépositions de lieu. Cochez la ou les formules espagnoles équivalentes (il peut y avoir plusieurs réponses justes).

Corrigé page 147

1. à gauche
   A a mano izquierda B a pie izquierdo C a mano derecha D a pie derecho
2. à droite
   A a mano izquierda B a pie izquierdo C a mano derecha D a pie derecho
3. tout droit
   A todo derecho B todo recto C toda derecha D toda recta
4. la prochaine
   A la última B la cercana C la próxima D la siguiente
5. jusqu'à
   A desde B en medio C hacia D hasta
6. près
   A cerca B durante C sobre todo D este

7. loin
   A más bien B lado C lejos D entonces

Vous donnez ces indications au tutoiement : choisissez la bonne forme verbale.

Corrigé page 147

1. ... a la derecha.
   A Gire B Gira
2. ... la plaza.
   A Cruza B Cruca C Cruce D Cruze
3. ... por esta avenida.
   A Sigua B Siga C Sigue D Segue
4. ... la calle.
   A Atravese B Atraviese C Atravesa D Atraviesa

Vous donnez maintenant les indications au vouvoiement : quelle forme verbale utiliserez-vous ?

Corrigé page 147

1. ... la primera a la derecha.
   A Toma B Tome
2. ... a la izquierda
   A Doble B Dobla
3. ... la tercera a la derecha.
   A Coja B Coga C Coje D Coge
4. ... por la segunda a la izquierda.
   A Tuerce B Tuerza C Torce D Torza

Tema Lexique : la rue et l'art

Corrigé page 147

Chassez l'intrus.

1.
- A paso de cebra
- B acera
- C paso de peatones
- D prohibido a los perros

2.
- A semáforo
- B fuente
- C rojo
- D verde

3.
- A esquina
- B bocacalle
- C naranja
- D manzana

4.
- A calzada
- B carretera
- C peatón
- D carril bici

5.
- A Santiago Bernabéu
- B Reina Sofía
- C El Prado
- D museo

6.
- A Dalí
- B Picasso
- C Cervantes
- D Miró

7.
- A mesa
- B pintura
- C cuadro
- D retrato

8.
- A Guernica
- B Las señoritas de Aviñón
- C Mujeres al borde de un ataque de nervios
- D Las Meninas

Tema Les trois degrés du démonstratif et de l'adverbe de lieu

Introduisez dans chaque phrase la forme correctement accordée du démonstratif.

1. ¿Te acuerdas de ... museo?
- A aquel
- B aquello
- C aquella

Corrigé page 147

2. ¿Tengo que andar hasta ... fuente?
   A aquel B aquello C aquella

3. ¿Sabes qué es ...?
   A aquel B aquello C aquella

4. ¿Conoces a ... tipos?
   A aquel B aquellos C aquella

5. Me acuerdo de ... cenas de Navidad.
   A aquel B aquello C aquellas

Complétez chaque phrase avec le possessif ou l'adverbe qui convient.

Corrigé page 147

1. ... que tú dices no me convence.
   A Esto B Eso C Aquello

2. ¿Ves aquel hombre, ... a lo lejos?
   A aquí B ahí C allí

3. Hola, buenos días, ¡estamos ...!
   A aquí B ahí C allí

4. Tus gafas están ..., a tu lado, ¿no las ves?
   A aquí B ahí C allí

5. Tiene que seguir hasta ... plaza, allí.
   A esa B esta C aquella

6. ... cuadros que a ti te gustan, a mí me horrorizan.
   A Esos B Estos C Aquellos

7. Aquí dejo ..., ¿vale?
   A eso B esto C aquello

8. Yo nací en 1950. ... era (était) otro mundo.
   A esto B eso C aquello

9. En ... tiempo no había (avait) móviles.
   A este B ese C aquel

10. ¿Cómo se llama ... pintor del que siempre me hablas?
   A este B ese C aquel

11. ... cuadro está bien aquí.
   A Este B Ese C Aquel

12. Camarero, ... gambas no están buenas.
   A estas B esas C aquellas

Tema Exprimer le doute et la certitude

Dites ce qu'exprime chaque phrase.

Corrigé page 147

1. Estoy absolutamente convencido de que el restaurante está cerca de aquí.
   A doute B certitude

2. No me cabe la menor duda de que lo vas a conseguir.
   A doute B certitude

3. No estoy en absoluto seguro de lo que digo.
   A doute B certitude

4. Estoy segurísimo de que estás equivocado.
   A doute B certitude

5. Sé que es verdad.
   A doute B certitude

6. Lo dudo mucho.
   A doute B certitude

7. Quién sabe si tiene dinero o no.
   A doute B certitude

8. Supongo que es a la izquierda.
   A doute B certitude

9. A la derecha, por supuesto.
   A doute B certitude

Module 15
ESENCIALES

Reformulez la phrase sous forme d'hypothèse.

Corrigé page 147

1. Son mis dos museos preferidos.
   - A Tal vez sean mis dos museos preferidos.
   - B Tal vez esan mis dos museos preferidos.

2. Le da igual ir a uno u otro museo.
   - A Puede que le da igual ir a uno u otro museo.
   - B Puede que le dé igual ir a uno u otro museo.

3. Vamos a Madrid este fin de semana.
   - A Quizás vemos a Madrid este fin de semana.
   - B Quizás vayamos a Madrid este fin de semana.

4. Le hago una visita a la abuela.
   - A A lo mejor le hagua una visita a la abuela.
   - B A lo mejor le hago una visita a la abuela.

5. Voy a visitarte el próximo jueves.
   - A Puede ser que vaya a visitarte el próximo jueves.
   - B Puede ser que voy a visitarte el próximo jueves.

Tema Un peu de traduction

Quelle est la traduction correcte des phrases proposées ?

Corrigé page 147

1. No me suena tu cara.
   - A Ton visage ne me dit rien.
   - B Ton visage ne me fait pas rêver.

2. Es más bien moderno.
   - A C'est plutôt moderne.
   - B Moderne, c'est bien mieux.

3. ¿Queda cerca la cita?
   - A Ça tient toujours, le rendez-vous ?
   - B C'est près d'ici, le rendez-vous ?

4. Me das igual.
   - A Tu m'indiffères.
   - B Je t'indiffère.

5. C'est dans quel coin, chez toi ?
   - A ¿Por dónde queda tu casa?
   - B ¿En qué esquina está tu casa?

6. Je ne suis jamais pressé.
   - A Nunca estoy prisa.
   - B Nunca tengo prisa.

7. Moi aussi je suis artiste.
   - A Mí también soy artista.
   - B Yo también soy artista.

Verbes et locutions verbales

ÚTILES 

acordarse	*se souvenir* À noter : v. à diphtongue.
andar	*marcher*
dudar	*douter*
quedar	*se trouver*
recordar	*se souvenir* À noter : v. à diphtongue.
sonar	*sonner* À noter : v. à diphtongue ; **me suena**, *ça me dit quelque chose* ; **no me suena**, *ça ne me dit rien.*
suponer	*supposer* À noter : v. en **-go**.
No cabe duda.	*Il n'y a pas de doute.*
No me cabe duda.	*Je n'ai aucun doute.*
No me cabe la menor duda.	*Je n'ai pas le moindre doute.*
tener prisa	*être pressé*

Module 15
ÚTILES

S'orienter

al lado	*à côté*
cercano/a	*proche*
durante	*pendant*
en medio	*au milieu*
hacia	*vers*
¿por dónde...?	*dans quel coin... ?*
primero/a	*premier, -ère*
segundo/a	*deuxième*
siguiente	*suivant/e*
tercero/a	*troisième*
último/a	*dernier, -ère*

La rue

calzada	*chaussée*
carretera	*route*
el carril bici	*la voie cyclable*
fuente	*fontaine*
la acera	*le trottoir*
la bocacalle	*le coin de rue, l'entrée de rue*
la esquina	*le coin*
la manzana	*le pâté de maison*
paso de peatones	*passage piétons*
paso de cebra	*passage piétons* À noter : mot à mot *passage zébre.*
semáforo	*feu de circulation*

Module 15
CORRIGÉ

ESENCIALES

PAGE 139

Demander son chemin

1 B, C | 2 A, B, C | 3 D | 4 B, C
1 A | 2 C | 3 A, B | 4 C, D | 5 D | 6 A | 7 C
1 B | 2 A | 3 C | 4 B
1 B | 2 A | 3 A | 4 B

PAGE 141

Lexique : la rue et l'art

1 D | 2 B | 3 C | 4 C | 5 A | 6 C | 7 A | 8 C

Les trois degrés du démonstratif et de l'adverbe de lieu

1 A | 2 C | 3 B | 4 B | 5 C
1 B | 2 C | 3 A | 4 B | 5 C | 6 A | 7 B | 8 C | 9 C | 10 B | 11 A | 12 A

PAGE 143

Exprimer le doute et la certitude

1 B | 2 B | 3 A | 4 B | 5 B | 6 A | 7 A | 8 A | 9 B
1 A | 2 B | 3 B | 4 B | 5 A

PAGE 144

Un peu de traduction

1 A | 2 A | 3 B | 4 A | 5 A | 6 B | 7 B

Vous avez obtenu entre 0 et 12 ? ¡Ay, ay, ay!

Vous avez obtenu entre 13 et 25 ? Muy justito...

Vous avez obtenu entre 26 et 38 ? No está mal, pero...

Vous avez obtenu entre 39 et 51 ? Enhorabuena.

Vous avez obtenu 52 et plus ? ¡Eres un auténtico fenómeno!

Module 16
ESENCIALES

Tema La voiture

Complétez les phrases en vous servant des propositions fournies (il peut y avoir plusieurs réponses possibles).

Corrigé page 15

1. ¡Qué coche más ... !
   A rápida B bonito C chulo D práctica
2. ... el teórico.
   A He aprobado B He suspendido C He girado D He conducido
3. ... el carné.
   A Me he saltado B He perdido C Me he sacado D He suspendido
4. ... el semáforo.
   A Me he saltado B Me he fumado C He quemado D No he visto
5. El semáforo está en ...
   A verde. B amarillo. C ámbar. D rojo.
6. Gasto mucho en ...
   A volante. B multas. C semáforo. D inseguridad.
7. Pago ...
   A el volante. B los atascos. C el seguro. D la gasolina.
8. Giro ...
   A el volante. B las multas. C el seguro. D el atasco.
9. Conduzco ...
   A rápido. B atasco. C retraso. D despacio.

Tema Moi oui / Moi non / Moi aussi / Moi non plus

Partez des affirmations ou opinions données, et imaginez que deux autres personnes y répondent : la première est du même avis, la seconde d'un avis différent. Quelles seront ces deux répliques ? Exemple : J'aime les yaourts. / Moi aussi. / Pas moi.

1. Prefiero desplazarme en bicicleta.
   - A Yo sí / Yo tampoco
   - B Yo sí / Yo no
   - C Yo también / Yo tampoco
   - D Yo también / Yo no

Corrigé page 157

2. Nunca tomo el metro.
   - A Yo tampoco / Yo sí
   - B Yo no / Yo tampoco
   - C Yo tampoco / Yo también
   - D Yo no / Yo sí

3. Me molestan los coches.
   - A Yo también / Yo no
   - B A mí también / A mí no
   - C Yo sí / Yo no
   - D A mí sí / A mí no

4. No me gustan las vacaciones.
   - A Yo no / Yo sí
   - B A mí sí / A mí no
   - C Yo sí / Yo no
   - D A mí tampoco / A mí sí

5. Nunca me salto los semáforos.
   - A A mí no / A mí sí
   - B Yo tampoco / Yo sí
   - C Yo no / Yo tampoco
   - D A mí tampoco / A mí sí

Tema Exprimer la répétition

Chacune de ces phrases exprime la répétition Cochez la bonne traduction (il peut y avoir plusieurs bonnes réponses).

Corrigé page 157

1. Il y a de nouveau des retards.
   - A Va a haber retrasos.
   - B Vuelve a haber retrasos.
   - C Puede haber retrasos.

2. Je suis retombé.
   - A Me he podido caer.
   - B Me he querido caer.
   - C Me he vuelto a caer.

3. Tu reconduis ?
   - A ¿Vuelves y conduces?
   - B ¿Conduces de nuevo?
   - C ¿Quieres conducir?

4. Tu as de nouveau échoué la conduite ?
   - A ¿Has suspendido otra vez el práctico?
   - B ¿Has vuelto suspendiendo el práctico?
   - C ¿Has querido suspender el práctico?

5. Tu vas repasser le code ?
   - A ¿Vas a pasar otra vez el práctico?
   - B ¿Vas a pasar de nuevo el práctico?
   - C ¿Vas a volver a pasar el práctico?

Tema L'interdiction

Que deviennent ces ordres si vous les transformez en interdictions ?

Corrigé page 157

1. ¡Gira a la izquierda!
   - A No gires a la izquierda.
   - B No giras a la izquierda.
   - C No gira a la izquierda.

2. ¡Bebe!
   - A No bebes.
   - B No bebáis.
   - C No bebas.

3. ¡Escríbeme!
   - A No me escribís.
   - B No me escribas.
   - C No me escribes.

4. ¡Créelo!
   - A No lo craes.
   - B No lo creas.
   - C No lo crees.

5. ¡Hablad!
   - A No hables.
   - B No habléis.
   - C No hablas.

6. ¡Conducid rápido!
   - A No conducid rápido.
   - B No conduzáis rápido.
   - C No conduzcáis rápido.

7. ¡Levántate!
   (A) No te levantas. (B) No te levantes. (C) No levántate.

8. ¡Dime algo!
   (A) No dimes nada. (B) No me dices nada. (C) No me digas nada.

Tema Exprimer une opinion (forme négative)

Exprimez les phrases données sous la forme d'une opinion à la forme négative.

Corrigé page 157

1. El metro es peligroso.
   (A) No pienso que el metro es peligroso.
   (B) No pienso que el metro sea peligroso.
   (C) No pienso que el metro está peligroso.

2. Estás hecho para conducir.
   (A) No creo que estés hecho para conducir.
   (B) No creo que seas hecho para conducir.
   (C) No creo que estás hecho para conducir.

3. Tenéis razón.
   (A) No estoy seguro de que tenáis razón.
   (B) No estoy seguro de que tengáis razón.
   (C) No estoy seguro de que tiengáis razón.

4. Nos gusta este coche.
   (A) No estamos convencidos de que nos guste este coche.
   (B) No estamos convencidos de que nos gustemos este coche.
   (C) No estamos convencidos de que nos gusta este coche.

5. Vivimos más felices sin coche.
   (A) No es verdad que vivemos más felices sin coche.
   (B) No es verdad que vivamos más felices sin coche.
   (C) No es verdad que vivimos más felices sin coche.

Module 16
ESENCIALES

Tema Donner une appréciation

Quelle forme verbale faut-il introduire dans les phrases proposées ?

Corrigé page 157

1. Me gusta que la gente ... en bicicleta.
   - A va
   - B ve
   - C vaya

2. Me parece bien que ... una tortilla.
   - A haces
   - B hayas
   - C hagas

3. A mi perro le encanta que ... a su lado.
   - A me siente
   - B me sienta
   - C me siento

4. A mis padres les da igual que ... tarde a casa.
   - A vuelva
   - B vuelve
   - C vuelvo

5. Me horroriza que ... tan imprudentes.
   - A sois
   - B seáis
   - C estéis

Tema La subordonnée temporelle et concessive

Indiquez laquelle des deux propositions donne un sens cohérent à la phrase.

Corrigé page 157

1. Voy a sacarme el carné...
   - A hasta que lo quieras.
   - B aunque no lo quieras.

2. Voy a insistir...
   - A hasta que lo saque.
   - B aunque lo saque.

3. Voy a tomar clases...
   - A hasta que lo apruebe.
   - B aunque lo apruebe.

4. Voy a pedirte el coche...
   - A hasta que me digas que sí.
   - B aunque me digas que sí.

5. Conduzco muy bien...
   - A hasta que pienses lo contrario.
   - B aunque pienses lo contrario.

6. Voy a conseguir el carné...
   - A hasta que suspenda veinte veces.
   - B aunque suspenda veinte veces.

Tema La comparaison

Cochez la bonne proposition.

Corrigé page 157

1. Un coche es ... una bicicleta.
   A más rápido que — B menos rápido que

2. Berlín está ... que Moscú.
   A más lejos de París — B menos lejos de París

3. La Luna está ... que el Sol.
   A más cerca de la Tierra — B menos cerca de la Tierra

4. El barco es ... el avión.
   A más lento que — B menos lento que

5. Andar es ... tomar el coche.
   A más ecológico que — B menos ecológico que

6. El metro es ... el tren.
   A más caro que — B menos caro que

Donnez la bonne construction du comparatif d'égalité.

Corrigé page 157

1. Soy ... nerviosa como tú.
   A tan — B tanto — C tantos
   D tanta — E tantas

2. No sois ... prácticos como yo.
   A tan — B tanto — C tantos
   D tanta — E tantas

3. Me mareo ... en el tren como el barco.
   A tan — B tanto — C tantos
   D tanta — E tantas

4. Las multas me cuestan ... como la gasolina.
   A tan — B tanto — C tantos
   D tanta — E tantas

5. No le tengo ... miedo al avión como tú.
   - A tan
   - B tanto
   - C tantos
   - D tanta
   - E tantas

6. No he suspendido el carné ... veces como tú.
   - A tan
   - B tanto
   - C tantos
   - D tanta
   - E tantas

7. No hay ... coches a mediodía como por la tarde.
   - A tan
   - B tanto
   - C tantos
   - D tanta
   - E tantas

8. No hay ... gente como crees.
   - A tan
   - B tanto
   - C tantos
   - D tanta
   - E tantas

Tema Un peu de traduction

Cochez la bonne traduction.

Corrigé page 157

1. Je vais partout en bicyclette.
   - A Voy en todas partes a bicicleta.
   - B Voy a todas partes en bicicleta.
   - C Voy todas partes por bicicleta.

2. Je me sens chez moi partout.
   - A Me siento en casa a todas partes.
   - B Me siento a casa a todas partes.
   - C Me siento en casa en todas partes.

3. À Madrid, les gens sont d'un peu partout.
   - A A Madrid, la gente es un poco de todas partes.
   - B En Madrid, la gente es un poco de todas partes.
   - C En Madrid, la gente está un poco por todas partes.

4. Le tengo miedo a los transportes colectivos.
   - A J'aime moyennement les transports en commun.
   - B J'aime les moyens de transport en commun.
   - C J'ai peur des transports en commun.

5. Me trae cuenta coger un taxi.
   - A J'ai intérêt à prendre un taxi.
   - B Je me rends compte que je dois prendre un taxi.
   - C Je compte prendre un taxi.

Verbes

conducir	*conduire*
desplazarse	*se déplacer*
fumar	*fumer* À noter : **fumarse una clase**, *sécher un cours* ; **fumarse un semáforo**, *griller un feu.*
insistir	*insister*
marearse	*se sentir mal, avoir le mal de mer*
molestar	*gêner*
sacar	*sortir* À noter : **sacarse** signifie *obtenir* (diplôme, examen).
saltar	*sauter* À noter : **saltarse** prend le même sens que **fumarse**.

Locutions verbales

tenerle miedo a	*avoir peur de* (**Le tengo miedo a**, *J'ai peur de*).
traer cuenta	*convenir, être profitable* (**Me trae cuenta + inf.**, *J'ai intérêt à* + inf.)
volver a + infinitif	exprime une action qui se répète (**Vuelvo a salir**, *Je ressors*). On peut aussi utiliser des locutions comme **de nuevo**, *de nouveau* ; ou **otra vez**, *une autre fois*.

Module 16
ÚTILES

Moyens de transport et circulation

avión	*avion*
barco	*bateau*
bicicleta	*bicyclette*
el coche	*la voiture*
metro	*métro*
tren	*train*
carné	*permis de conduire*
el práctico	*la conduite*
el teórico	*le code*
gasolina	*essence*
multa	*amende*
el seguro	*l'assurance*
volante	*volant*
ámbar	*orange* (pour le feu de circulation)
atasco	*embouteillage*
despacio	*doucement*
imprudente	*imprudent/e*
inseguridad	*insécurité*
nervioso/a	*nerveux/-euse*
peligroso/a	*dangereux/-euse*
rápido/a	*rapide*
retraso	*retard*

Conjonctions de subordination

hasta que	*jusqu'à ce que*
aunque	*bien que, même si*

Module 16
CORRIGÉ

PAGE 148

La voiture

1 B, C | 2 A, B | 3 B, C, D | 4 A, B, C | 5 A, C, D | 6 B | 7 C, D | 8 A | 9 A, D

Moi oui / Moi non / Moi aussi / Moi non plus

1 D | 2 A | 3 B | 4 D | 5 B

PAGE 149

Exprimer la répétition

1 B | 2 C | 3 B | 4 A | 5 A, B, C

PAGE 150

L'interdiction

1 A | 2 C | 3 B | 4 B | 5 B | 6 C | 7 B | 8 C

PAGE 151

Exprimer une opinion (forme négative)

1 B | 2 A | 3 B | 4 A | 5 B

PAGE 152

Donner une appréciation

1 C | 2 C | 3 A | 4 A | 5 B

La subordonnée temporelle et concessive

1 B | 2 A | 3 A | 4 A | 5 B | 6 B

PAGE 153

La comparaison

1 A | 2 B | 3 A | 4 A | 5 A | 6 B

1 A | 2 A | 3 B | 4 B | 5 B | 6 E | 7 C | 8 D

PAGE 154

Un peu de traduction

1 B | 2 C | 3 B | 4 C | 5 A

Vous avez obtenu entre 0 et 12 ? ¡Ay, ay, ay!

Vous avez obtenu entre 13 et 25 ? Muy justito…

Vous avez obtenu entre 26 et 38 ? No está mal, pero…

Vous avez obtenu entre 39 et 51 ? Enhorabuena.

Vous avez obtenu 52 et plus ? ¡Eres un auténtico fenómeno!

Module 17
ESENCIALES

Tema Les opérations bancaires

Introduisez en début de phrase une des formules verbales proposées.

Corrigé page 166

1. ¿... con tarjeta o en efectivo?
   - A Se ha tragado
   - C Me permite
   - B No se aceptan
   - D Va a pagar

2. El cajero ... mi tarjeta de crédito.
   - A se ha tragado
   - C me permite
   - B no se aceptan
   - D va a pagar

3. ¿... su DNI, por favor?
   - A Se ha tragado
   - C Me permite
   - B No se aceptan
   - D Va a pagar

4. ... talones, lo siento.
   - A Se ha tragado
   - C Me permite
   - B No se aceptan
   - D Va a pagar

Complétez ces formules verbales avec le complément qui convient.

Corrigé page 166

1. Quiero hacer ...
   - A un reintegro.
   - C dinero de mi cuenta.
   - B mal el pin.
   - D una sucursal del banco.

2. He tecleado...
   - A un reintegro.
   - C dinero de mi cuenta.
   - B mal el pin.
   - D una sucursal del banco.

3. ¿Dónde hay ...?
   - A un reintegro
   - C dinero de mi cuenta
   - B mal el pin
   - D una sucursal del banco

4. Tengo que sacar...
   - A un reintegro.
   - C dinero de mi cuenta.
   - B mal el pin.
   - D una sucursal del banco.

Tema Les expressions à connotation religieuse

Quel est le sens de ces expressions ?

Corrigé page 166

1. No hay Dios que duerma.
   - A Pas moyen de dormir.
   - B Dieu voit tout.
2. No hay ni Dios.
   - A Il n'y a pas un chat.
   - B On n'y voit rien du tout.
3. Estás hecho un Cristo.
   - A Tu as l'air en pleine forme.
   - B Tu es dans un état lamentable.
4. Lo sabe todo Cristo.
   - A Tout le monde le sait.
   - B Dieu seul le sait.
5. No estoy muy católico.
   - A Je ne vais pas très bien.
   - B Ni Dieu ni maître.
6. Tengo el santo de espaldas.
   - A Je n'ai pas de chance.
   - B Je n'ai peur de rien.
7. Tengo el santo de cara.
   - A J'ai de la chance.
   - B Je dois être prudent.
8. Vaya por Dios.
   - A Que Dieu te guide.
   - B Te voilà beau.

Tema Les équivalents de « devenir »

Choisissez la formule verbale qui va exprimer la transformation dans ces phrases.

Corrigé page 166

1. ... enfermo.
   - A Te vas a volver
   - B Te vas a poner
2. Con la edad la gente ... torpe.
   - A se pone
   - B se vuelve
3. Algunas personas ... nervioso.
   - A me ponen
   - B me vuelven

4. De noche ... triste.
   A me pongo — B me vuelvo

5. Te ... muy gordo en unas semanas.
   A has puesto — B has vuelto

6. El pobre se ... loco.
   A ha puesto — B ha vuelto

7. ¡Vaya coche! ¿Te ... rico?
   A has puesto — B has vuelto

8. ¿Por qué te ... tan contento?
   A has puesto — B has vuelto

Tema Impératif et enclise, au tutoiement et au vouvoiement

*Dites quel est le **tratamiento** utilisé dans les phrases suivantes.*

Corrigé page 166

1. Permíteme el pasaporte, por favor.
   A Tutoiement — B Vouvoiement

2. Déjame el DNI.
   A Tutoiement — B Vouvoiement

3. Devuélvame la tarjeta de crédito.
   A Tutoiement — B Vouvoiement

4. Espéreme cerca del banco.
   A Tutoiement — B Vouvoiement

5. Ayúdeme, por favor.
   A Tutoiement — B Vouvoiement

6. ¡Olvídame!
   A Tutoiement — B Vouvoiement

7. ¡Págueme!
   A Tutoiement — B Vouvoiement

8. Sácame cien euros del cajero.
   - A Tutoiement
   - B Vouvoiement

Tema La phrase exclamative

Vous devez reformuler la phrase donnée sous forme exclamative. Choisissez la bonne formule.

Corrigé page 166

1. Los jóvenes son torpes.
   - A ¡Qué torpes son los jóvenes!
   - B ¡Qué torpes los jóvenes son!
2. El personal de la sucursal es amable.
   - A ¡Qué amable es el personal de la sucursal!
   - B ¡Qué más amable es el personal de la sucursal!
3. El padre de Juan se ha puesto muy viejo.
   - A ¡Qué se ha puesto viejo el padre de Juan!
   - B ¡Qué viejo se ha puesto el padre de Juan!
4. Mi sobrino se levanta muy tarde.
   - A ¡Qué tarde se levanta mi sobrino!
   - B ¡Qué tarde mi sobrino se levanta!
5. Usted tiene un abuelo muy despistado.
   - A ¡Qué más despistado abuelo usted tiene!
   - B ¡Qué abuelo más despistado tiene usted!

Tema L'auxiliaire *haber* et le verbe *hacer*

Dans les phrases suivantes, quelle est la forme verbale correcte ?

Corrigé page 166

1. No pienso que ... mucha gente en el banco.
   - A haga
   - B haya
2. Quizás se ... vuelto locos.
   - A hagan
   - B hayan

3. No creo que ... mucho tiempo que trabaja en ese banco.
   A haga — B haya

4. Es tarde, no pienso que ... tiempo para ir al banco hoy.
   A haga — B haya

5. Tal vez ... comida en el frigorífico, no sé.
   A haga — B haya

6. No creo que ... tecleado mal el pin.
   A hagamos — B hayamos

7. ¿Te da igual que ... perdido la tarjeta?
   A haga — B haya

8. Os pido que hoy ... la compra vosotros.
   A hagáis — B hayáis

Tema Quelques verbes particuliers, en *-gar* et en *-car*

Corrigé page 166

Complétez la forme verbale dans chaque phrase.

1. Quiero que sa... cien euros del cajero.
   A ...cas — B ...quas — C ...ces — D ...ques

2. ¿Me sa... cien euros, por favor?
   A ...cas — B ...quas — C ...ces — D ...ques

3. Si tecleas mal el pin, el cajero se tra... tu tarjeta.
   A ...ga — B ...gua — C ...ge — D ...gue

4. Si tecleas mal el pin, puede que el cajero se tra... tu tarjeta.
   A ...ga — B ...gua — C ...ge — D ...gue

5. Me pone muy nervioso que siempre te equivo... de pin.
   A ...cas — B ...quas — C ...ces — D ...ques

6. ¿Por qué te equivo... siempre de pin?
   A ...cas — B ...quas — C ...ces — D ...ques

7. Esta vez no quiero que pa... vosotros.
   A ...gáis   B ...quáis   C ...géis   D ...guéis

8. ¿Pa... vosotros?
   A ...gáis   B ...quáis   C ...géis   D ...guéis

Tema *Quedar* et *quedarse*

Complétez chaque phrase avec la forme verbale qui convient.

Corrigé page 166

1. ¿Por dónde ... la sucursal del banco?
   A se queda   B queda

2. ¿... dinero para hacer la compra?
   A Se queda   B Queda

3. ¿... en casa este fin de semana o salís?
   A Os quedáis   B Quedáis

4. Pagas el alquiler, los recibos y ... sin un duro.
   A te quedas   B quedas

5. ¿... mi tarjeta o me la devuelven?
   A Se quedan con   B Quedan con

6. ¿... para ir de copas?
   A Nos quedamos   B Quedamos

7. ¿A qué hora ... con ellos?
   A te has quedado   B has quedado

8. ¿Te vas de vacaciones o ... en Madrid?
   A te quedas   B quedas

9. Creo que ese restaurante ... bastante lejos.
   A se queda   B queda

10. ¿Vienes o ... aquí?
   A te quedas   B quedas

Module 17
ESENCIALES

Tema Un peu de traduction

Quelle est la bonne traduction de ces phrases ?

Corrigé page 166

1. Basta con ir al mostrador para hacer un reintegro.
   - A J'en ai assez d'aller au guichet pour faire un retrait.
   - B Il suffit d'aller au guichet pour faire un retrait.

2. ¿Pagar con cheque? ¡Qué más quisiera!
   - A Payer par chèque ? J'aimerais bien !
   - B Payer par chèque ? Il ne manquerait plus que ça !

3. Le atiendo ahora mismo.
   - A Je m'occupe de vous tout de suite.
   - B Je l'attends ici même.

4. On se retrouve demain ?
   - A ¿Quedamos mañana?
   - B ¿Quedamos por la mañana ?

5. On se retrouve demain matin ?
   - A ¿Quedamos mañana mañana?
   - B ¿Quedamos mañana por la mañana ?

Verbes ÚTILES

aceptar	*accepter*
bastar	*suffire ;* **basta con,** *il suffit de*
devolver	*rendre* À noter : v. à diphtongue
equivocarse	*se tromper*
olvidar	*oublier*
permitir	*permettre, remettre (un document)*
ponerse	*devenir (ce qui est défini par* **estar** *: états d'âme, santé, etc.)*
quedar	*rester (ce qui reste) ; se trouver (lieu) ; convenir d'un rendez-vous, se retrouver*

quedarse	*rester (quelque part) ; se retrouver (dans une situation) ;* **quedarse con**, *garder, retenir*
sacar	*retirer (argent)*
teclear	*composer (sur un clavier)*
tragar	*avaler*
volverse	*devenir (ce qui est défini par* **ser** *: caractère, qualités, etc.)* **À noter :** v. à diphtongue.

A la banque, formalités

el banco	*la banque*
cajero	*distributeur*
cheque	*chèque*
la cuenta	*le compte*
el DNI	*la carte d'identité*
en efectivo	*en espèces*
mostrador	*guichet*
pasaporte	*passeport*
pin	*code confidentiel*
reintegro	*retrait*
sucursal	*agence*
talón	*chèque*
tarjeta	*carte*

Adjectifs

enfermo/a	*malade*
nervioso/a	*nerveux, -euse*
torpe	*maladroit/e*

Module 17
CORRIGÉ

ESENCIALES

PAGE 158

Les opérations bancaires

1 D 2 A 3 C 4 B

1 A 2 B 3 D 4 C

PAGE 159

Les expressions à connotation religieuse

1 A 2 A 3 B 4 A 5 A 6 A 7 A 8 B

Les équivalents de « devenir »

1 B 2 B 3 A 4 A 5 A 6 B 7 B 8 A

PAGE 160

Impératif et enclise, au tutoiement et au vouvoiement

1 A 2 A 3 B 4 B 5 B 6 A 7 B 8 A

PAGE 161

La phrase exclamative

1 A 2 A 3 B 4 A 5 B

L'auxiliaire ***haber*** et le verbe ***hacer***

1 B 2 B 3 A 4 B 5 B 6 B 7 B 8 A

PAGE 162

Quelques verbes particuliers, en ***-gar*** et en ***-car***

1 D 2 A 3 A 4 D 5 D 6 A 7 D 8 A

PAGE 163

Quedar et ***quedarse***

1 B 2 B 3 A 4 A 5 A 6 B 7 B 8 A 9 B 10 A

PAGE 164

Un peu de traduction

1 B 2 A 3 A 4 A 5 B

Vous avez obtenu entre 0 et 14 ? ¡Ay, ay, ay!

Vous avez obtenu entre 15 et 28 ? Muy justito...

Vous avez obtenu entre 29 et 42 ? No está mal, pero...

Vous avez obtenu entre 43 et 56 ? Enhorabuena.

Vous avez obtenu 57 et plus ? ¡Eres un auténtico fenómeno!

Tema Le courrier postal

Complétez ces phrases en vous aidant des mots proposés (il peut y avoir plusieurs réponses exactes).

Corrigé page 175

1. Tengo que escribir ... a mi abuela.
   A una letra B un mapa C una carta

2. ¿Cuánto cuesta ... para Francia?
   A un sello B un timbre C un timbro

3. ¡Qué ... más bonita!
   A postal B tarjeta postal C carta postal

4. Necesito ...
   A un sobre. B una sobre. C una sobra.

5. Voy a echar una carta ...
   A al buzón. B a Correos. C al estanco.

6. Me gusta escribir con ...
   A estylo. B pluma. C bolígrafo.

7. Préstame ..., por favor.
   A una hoja de papel B un papiro C un folio

Tema Internet et le courrier électronique

Quel est l'équivalent espagnol des termes suivants ? Il peut y avoir plusieurs réponses exactes.

Corrigé page 175

1. arobase
   A arobase B aroba C arroba

2. point
   A punto B punta C punti

3. tiret
   A tira B línea C guion

4. slash
   - A barra
   - B cruz
   - C raya

5. message
   - A mesaje
   - B mensaje
   - C masaje

6. télécharger
   - A descargar
   - B bajarse
   - C telecargarse

7. mettre en ligne
   - A subir
   - B alinear
   - C recargar

Tema Cardinaux et ordinaux

Corrigé page 175

Finissez chaque phrase avec la bonne formule.

1. En 1807, Beethoven compone...
   - A la quinta sinfonía.
   - B la sinfonía cinco.
   - C la cinco sinfonía.

2. El fuego es el ...
   - A cuarto elemento.
   - B cuatro elemento.
   - C elemento cuarto.

3. El rey de España es...
   - A Felipe seis.
   - B Felipe sexto.
   - C Felipe el seis.

4. El padre de Felipe VI se llama...
   - A Juan Carlos uno.
   - B Juan Carlos primer.
   - C Juan Carlos primero.

5. El abuelo de Felipe VI se llamó...
   - A Alfonso decimotercero.
   - B Alfonso trece.
   - C Alfonso decimotercer.

6. Yo nací en el ...
   - A veinte siglo.
   - B siglo veinte.
   - C vigésimo siglo.

7. Los dos últimos papas han sido...
   - A Juan Pablo segundo y Benedicto decimosexto.
   - B Juan Pablo segundo y Benedicto dieciséis.
   - C Juan Pablo dos y Benedicto decimosexto.

Tema Tournures pronominales

À partir des éléments fournis, quelle est la bonne construction de la tournure pronominale espagnole ? Les phrases sont exprimées au passé composé.

Corrigé page 175

1. tú / borrarse / todos los mensajes
   - A Se te has borrado todos los mensajes.
   - B Se te han borrado todos los mensajes.
   - C Se te ha borrado todos los mensajes.

2. vosotros / estropearse / el móvil
   - A Se os ha estropeado el móvil.
   - B Se os habéis estropeado el móvil.
   - C Se os han estropeado el móvil.

3. nosotros / caerse / el pelo
   - A Se nos hemos caído el pelo.
   - B Se nos han caído el pelo.
   - C Se nos ha caído el pelo.

4. yo / perderse / las llaves
   - A Se me he perdido las llaves.
   - B Se me han perdido las llaves.
   - C Se me ha perdido las llaves.

5. ellas / olvidarse / el DNI
   - A Se les han olvidado el DNI.
   - B Se le han olvidado el DNI.
   - C Se les ha olvidado el DNI.

6. usted / romperse / las gafas
   - A Se le han roto las gafas.
   - B Se les ha roto las gafas.
   - C Se les han roto las gafas.

Module 18
ESENCIALES

Tema L'impératif

Ces phrases sont exprimées à la 2ᵉ personne du pluriel de l'impératif. Reformulez-les à la 2ᵉ personne du singulier, toujours à l'impératif.

Corrigé page 17

1. Haced vuestro trabajo.
   - A Hace tu trabajo.
   - B Haze tu trabajo.
   - C Haz tu trabajo.

2. Poned la mesa.
   - A Pon la mesa.
   - B Pone la mesa.
   - C Pones la mesa.

3. Tened amigos.
   - A Tien amigos.
   - B Ten amigos.
   - C Tene amigos.

4. Salid a pasear.
   - A Sal a pasear.
   - B Sale a pasear.
   - C Sales a pasear.

Ces phrases sont exprimées à la 2ᵉ personne du singulier de l'impératif. Reformulez-les à la 2ᵉ personne du pluriel, toujours à l'impératif.

1. Ven a visitarme.
   - A Vened a visitarme.
   - B Vienid a visitarme.
   - C Venid a visitarme.

2. Dime la verdad.
   - A Decidme la verdad.
   - B Dicidme la verdad.
   - C Dicedme la verdad.

3. Sé bueno.
   - A Seíd buenos.
   - B Sied buenos.
   - C Sed buenos.

4. Ve a hacer la compra.
   - A Vad a hacer la compra.
   - B Id a hacer la compra.
   - C Ved a hacer la compra.

Tema Conjugaison des verbes *reír* et *sonreír*

Choisissez la bonne forme verbale dans chaque phrase.

Corrigé page 175

1. ¿De qué te ... ?
   - A rees
   - B ríes
   - C ris

2. De nada, me ... solo.
   A reo B reio C río

3. Siempre nos ... mucho contigo.
   A reímos B reemos C ríemos

4. Y vosotros, ¿por qué me ... ?
   A sonríeis B sonrís C sonreís

5. La gente nunca ... con mis chistes.
   A ree B ríe C ri

6. Si mis padres te ..., es que les caes bien.
   A sonríen B sonreen C sonreín

7. Siempre están ...
   A reyendo. B reíndo. C riendo.

8. En una entrevista de trabajo, ... siempre.
   A sonreie B sonríe C sonre

9. Para ser felices, ... a la vida.
   A sonreíd B sonríed C sonrid

Tema Interactions conversationnelles : humour et sérieux

Deux personnes dialoguent. Remettez dans l'ordre les répliques pour former un échange cohérent.

Corrigé page 175

1. A. Bueno, no es para tanto.

   B. Qué lástima, se me han perdido 5 euros.

   C. Vale, pero no tiene ninguna gracia.

   A A – C – B B C - A – B C B – A – C

2. A. Cuéntamelo, me suelen hacer gracia.

   B. Es buenísimo, escucha.

   C. ¿Conoces el último chiste del panadero?

   A A – C – B B C - A – B C B – A – C

3. A. Me encantan las bromas del panadero.

   B. A mí sí me hacen reir.

   C. Pues no tienen gracia.

   A A – C – B　　B C - A – B　　C B – A – C

Tema Heureusement / malheureusement

Corrigé page 175

Par quelle formule répondriez-vous aux phrases suivantes ?

1. ¿A ti se te han borrado fotos alguna vez?
   A Sí, por suerte.　　B Sí, desgraciadamente.

2. ¿Te encuentras mal?
   A Sí, por suerte.　　B Sí, desgraciadamente.

3. ¿Hay algún hospital cerca de aquí?
   A Sí, por suerte.　　B Sí, desgraciadamente.

4. ¿Es verdad que se te ha muerto el perro?
   A Sí, por suerte.　　B Sí, desgraciadamente.

5. Tengo que echar una carta. ¿Está abierto Correos?
   A Sí, por suerte.　　B Sí, desgraciadamente.

6. ¿Se puede arreglar mi móvil?
   A Sí, por suerte.　　B Sí, desgraciadamente.

Tema *Quitar / dejar*

Corrigé page 175

Introduisez un des deux verbes dans les phrases proposées.

1. No me ..., por favor.
   A dejes　　B quites

2. Si me ..., me muero.
   A dejas　　B quitas

3. Si me ... el móvil, me muero.
   A dejas　　B quitas

4. Si sigues tan adicto al móvil, te lo voy a ...
   A dejar. B quitar.

5. Te ... el móvil, pero solo para que me llames, ¿vale?
   A dejo B quito

6. Vamos a cenar : ... el móvil de la mesa.
   A deja B quita

Verbes et locutions verbales ÚTILES

arreglar	*arranger, réparer*
borrar	*effacer*
dejar	*laisser, quitter*
echar (una carta)	*poster une lettre*
encontrarse	*se trouver* À noter : v. à diphtongue.
estropear	*abîmer*
morir/morirse	*mourir* À noter : v. à diphtongue.
quitar	*enlever*
reír	*rire* À noter : v. à affaiblissement.
romper	*casser* À noter : p. passé irrégulier **roto**.
sonreír	*sourire* À noter : v. à affaiblissement.
dar lástima / dar pena	*faire de la peine*
hacer gracia	*faire rire, amuser*
tener gracia	*être drôle*

Les ordinaux

L'espagnol n'utilise le plus couramment que les dix premiers ordinaux.

primero/a	*premier,-ère*
segundo/a	*deuxième*
tercero/a	*troisième*
cuarto/a	*quatrième*

quinto/a	*cinquième*
sexto/a	*sixième*
séptimo/a	*septième*
octavo/a	*huitième*
noveno/a	*neuvième*
décimo/a	*dixième*

Le courrier postal

bolígrafo	*stylo bille*
el buzón	*la boîte aux lettres*
carta	*lettre*
correo	*courrier* **Correos** désigne *La Poste*, et par extension *le bureau de poste.*
estanco	*bureau de tabac*
el folio	*la feuille*
la hoja	*la feuille*
papel	*papier*
pluma	*plume, stylo-plume*
postal	*carte postale*
sello	*timbre*
el sobre	*l'enveloppe*
tarjeta	*carte*

Locutions

desgraciadamente	*malheureusement*
por suerte	*heureusement*
no es para tanto	*ce n'est pas si grave*

Module 18
CORRIGÉ

PAGE 167

Le courrier postal

1 (C) 2 (A) 3 (A), (B) 4 (A) 5 (A), (B) 6 (B), (C) 7 (A), (C)

Internet et le courrier électronique

1 (C) 2 (A) 3 (C) 4 (A) 5 (B) 6 (A), (B) 7 (A)

PAGE 168

Cardinaux et ordinaux

1 (A) 2 (A) 3 (B) 4 (C) 5 (B) 6 (B) 7 (B)

PAGE 169

Tournures pronominales

1 (B) 2 (A) 3 (C) 4 (B) 5 (C) 6 (A)

PAGE 170

L'impératif

1 (C) 2 (A) 3 (B) 4 (A)
1 (C) 2 (A) 3 (C) 4 (B)

Conjugaison des verbes ***reír*** et ***sonreír***

1 (B) 2 (C) 3 (A) 4 (C) 5 (B) 6 (A) 7 (C) 8 (B) 9 (A)

PAGE 171

Interactions conversationnelles : humour et sérieux

1 (C) 2 (B) 3 (A)

PAGE 172

Heureusement / malheureusement

1 (B) 2 (B) 3 (A) 4 (B) 5 (A) 6 (A)

Quitar / dejar

1 (A) 2 (A) 3 (B) 4 (B) 5 (A) 6 (B)

Vous avez obtenu entre 0 et 11 ? ¡Ay, ay, ay!

Vous avez obtenu entre 12 et 23 ? Muy justito...

Vous avez obtenu entre 24 et 35 ? No está mal, pero...

Vous avez obtenu entre 36 et 47 ? Enhorabuena.

Vous avez obtenu 48 et plus ? ¡Eres un auténtico fenómeno!

Module 19
ESENCIALES

Tema Prononciation et orthographe : le tréma

Entre crochets se trouve la prononciation figurée, à la française, des mots ; quelle va en être la bonne orthographe ?

Corrigé page 185

1. [guitarra]
   - A guitarra
   - B güitarra
2. [bilingoué]
   - A bilingue
   - B bilingüe
3. [guérra]
   - A guerra
   - B güerra
4. [cigouégna]
   - A cigueña
   - B cigüeña
5. [antigouo]
   - A antiguo
   - B antigüo
6. [igouana]
   - A iguana
   - B igüana
7. [vergouenza]
   - A verguenza
   - B vergüenza
8. [ambigouo]
   - A ambiguo
   - B ambigüo
9. [paragouas]
   - A paraguas
   - B paragüas
10. [pingouino]
    - A pinguino
    - B pingüino

Tema L'accent écrit

Dans les phrases suivantes, faut-il ou non accentuer les mots signalés ?

Corrigé page 185

1. Dime ... piensas de eso.
   - A que
   - B qué

2. No es posible, dime ... no es verdad.
   - A que
   - B qué

3. Imagina ... vamos de viaje al Caribe.
   - A que
   - B qué

4. ¡Imagina ... ha ocurrido en la panadería!
   - A que
   - B qué

5. ¿Sabes ... me han robado la cartera?
   - A que
   - B qué

6. ¿Sabes ... tengo para ti?
   - A que
   - B qué

7. ¿Puede decir ... es esa persona?
   - A como
   - B cómo

8. Las cosas no son ... tú piensas.
   - A como
   - B cómo

9. Me encanta la ciudad ... vivo.
   - A donde
   - B dónde

10. Me pregunto ... está viviendo ahora.
    - A donde
    - B dónde

Tema Lexique : contenants et contenus

Complétez chaque phrase, en choisissant pour chaque objet le terme le plus probable.

Corrigé page 185

1. Llevo la agenda en...
   - A el bolso.
   - C el bolsillo.
   - B la bolsa.
   - D la cartera.

2. Llevo el dinero en ...
   - A el bolso.
   - C el bolsillo.
   - B la bolsa.
   - D la cartera.

3. Pongo la compra en...
   - A el bolso.
   - B la bolsa.
   - C el bolsillo.
   - D la cartera.

4. Meto la mano en...
   - A el bolso.
   - B la bolsa.
   - C el bolsillo.
   - D la cartera.

Tema Donner un ordre, au tutoiement et au vouvoiement

Exprimez l'ordre donné au vouvoiement.

Corrigé page 185

1. Siéntate.
   - A Siéntese.
   - B Siéntase.
   - C Síntase.

2. Cuéntame.
   - A Cóntame.
   - B Cónteme.
   - C Cuénteme.

3. Cállate.
   - A Cállese.
   - B Cállase.
   - C Cállete.

4. Devuélveme la cartera.
   - A Devólvame la cartera.
   - B Devólveme la cartera.
   - C Devuélvame la cartera.

5. Levantaos.
   - A Levántase.
   - B Levántesen.
   - C Levántense.

6. Poneos gafas de sol.
   - A Pónganse gafas de sol.
   - B Póngasen gafas de sol.
   - C Póngansen gafas de sol.

7. Despertaos.
   - A Despiértesen.
   - B Despértense.
   - C Despiértense.

8. Servíos.
   - A Sírvanse.
   - B Sérvanse.
   - C Sérvense.

Tema L'imparfait de l'indicatif (modèles réguliers)

Exprimez les phrases données à l'imparfait de l'indicatif.

Corrigé page 185

1. El ladrón lleva el pelo largo.
   - A El ladrón llevía el pelo largo.
   - B El ladrón llevaba el pelo largo.

2. ¿Dónde os encontráis?
   - A ¿Dónde os encontrabais?
   - B ¿Dónde os encontríais?

3. Volvemos tranquilamente a casa.
   - A Volvíamos tranquilamente a casa.
   - B Volvébamos tranquilamente a casa.

4. Andamos despacio.
   - A Andíamos despacio.
   - B Andábamos despacio.

5. Unos hombres piden dinero.
   - A Unos hombres pediban dinero.
   - B Unos hombres pedían dinero.

6. Tengo mucho miedo.
   - A Tienía mucho miedo.
   - B Tieneba mucho miedo.
   - C Tenía mucho miedo.
   - D Tenguía mucho miedo.

7. ¿Vienes a poner una denuncia?
   - A ¿Venías a poner una denuncia?
   - B ¿Venabas a poner una denuncia?
   - C ¿Vengabas a poner una denuncia?
   - D ¿Vienguías a poner una denuncia?

Module 19
ESENCIALES

Tema L'imparfait de l'indicatif (modèles irréguliers)

Corrigé page 185

Ser *ou* ***estar*** *? Introduisez une des deux formes proposées.*

1. Los ladrones no ... del barrio.
   - A eran
   - B estaban

2. ... absolutamente convencidos de eso.
   - A Éramos
   - B Estábamos

3. ... un muchacho muy joven.
   - A Era
   - B Estaba

4. Mi cartera ... en un bolsillo.
   - A era
   - B estaba

5. ... usted muy equivocado.
   - A Era
   - B Estaba

6. ¿... altos los ladrones?
   - A Eran
   - B Estaban

7. ¿Dónde ...?
   - A eras
   - B estabas

8. Yo ... sentado en una silla.
   - A era
   - B estaba

9. ... españoles.
   - A Eran
   - B Estaban

10. ... tomando una copa.
    - A Éramos
    - B Estábamos

Exprimez le verbe de ces phrases à l'imparfait de l'indicatif.

Corrigé page 185

1. ¿Adónde vas?
   - A vaías
   - B ibas
   - C veías
   - D vías

2. No vemos el sol desde hace días.
   - A vaíamos
   - B íbamos
   - C veíamos
   - D víamos

3. ¿Qué tal te va la vida?
   - A vaía
   - B iba
   - C veía
   - D vía

4. ¿Vais a poner una denuncia?
   - A vaíais
   - B ibais
   - C veíais
   - D víais

5. Sin gafas no veo nada.
   - A vaía
   - B iba
   - C veía
   - D vía

6. Se ven durante los fines de semana.
   - A vaían
   - B iban
   - C veían
   - D vían

Tema Le passé simple de l'indicatif

Quelles formes verbales allez-vous utiliser pour exprimer ces phrases au passé simple de l'indicatif ?

Corrigé page 185

1. Relleno la declaración, escribo la fecha y firmo.
   - A Rellení / escribí / firmé
   - B Rellené / escribí / firmé
   - C Rellené / escribé / firmí

2. Te disculpas y me ayudas.
   - A Te disculpaste / ayudaste
   - B Te disculpaste / ayudiste
   - C Te disculpiste / ayudiste

3. Insiste en ayudarme y lleva él la bolsa.
   - A Insistió / llevó
   - B Insistió / llevió
   - C Insistó / llevió

4. Encontramos una cartera en el suelo y la llevamos a comisaría.
   - A Encontramos / llevamos
   - B Encontramos / llevimos
   - C Encontrimos / llevamos

5. Chocáis conmigo y me robáis la cartera.
   - A Choquisteis / robasteis
   - B Chocasteis / robisteis
   - C Chocasteis / robasteis

6. Pierdo las llaves y las vuelvo a encontrar.
   - A Pierdí / vuelví
   - B Pierdé / volvé
   - C Perdí / volví

7. Se llevan el dinero y dejan el pasaporte.
   - A Se llevaron / dejaron
   - B Se llevaron / dejieron
   - C Se llevieron / dejieron

Tema Quelques irrégularités au passé simple de l'indicatif

Rédigez les phrases au passé simple qui correspondent aux éléments fournis.

Corrigé page 185

1. yo / caer / al suelo
   - A Cayó al suelo.
   - B Caí al suelo.
   - C Cayé al suelo.

2. nosotros / leer / la noticia
   - A Leyimos la noticia.
   - B Leímos la noticia.
   - C Leemos la noticia.

3. las llaves / caer / del bolsillo
   - A Las llaves cayeron del bolsillo.
   - B Las llaves calleron del bolsillo.
   - C Las llaves cayaron del bolsillo.

4. usted / leer / mi declaración
   - A ¿Leó usted mi declaración?
   - B ¿Lió usted mi declaración?
   - C ¿Leyó usted mi declaración?

5. tú / caer / de la cama
   - A Caístes de la cama.
   - B Cayiste de la cama.
   - C Caíste de la cama.

6. vosotros / leer / mi mensaje
   - A ¿Leyísteis mi mensaje?
   - C ¿Leyís mi mensaje?
   - B ¿Leísteis mi mensaje?

Tema L'emploi des temps du passé

Introduisez les verbes manquants, aux temps qui conviennent dans la phrase.

Corrigé page 185

1. ... tranquilamente por la calle cuando de pronto ... un accidente.
   - A Volvíamos / ocurría
   - C Volvíamos / ocurrió
   - B Volvimos / ocurrió
   - D Volvimos / ocurría

2. Yo ... en 1950 y en aquella época no ... los móviles.
   - A nací / existieron
   - C nací / existían
   - B nacía / existían
   - D nacía / existieron

3. Mis padres me ... mi primera bicicleta cuando ... diez años.
   - A regalaban / cumplía
   - C regalaban / cumplí
   - B regalaron / cumplí
   - D regalaron / cumplía

4. Perdona si no te ... el jueves: se me ... completamente.
   - A llamaba / olvidaba
   - C llamé / olvidaba
   - B llamaba / olvidó
   - D llamé / olvidó

5. ... las llaves durante una hora y no las ...
   - A Busqué / encontré.
   - C Busqué / encontraba.
   - B Buscaba / encontraba.
   - D Buscaba / encontré.

6. Un muchacho ... conmigo y al rato ... que me ... la cartera.
   - A chocaba / vi / había robado
   - C chocaba / veía / robaba
   - B chocó / veía / robó
   - D chocó / vi / había robado

Module 19
ÚTILES

Verbes, locutions et constructions verbales

callarse	*se taire*
existir	*exister*
firmar	*signer*
insistir	*insister*
llevarse	*emporter*
meter	*mettre, introduire*
rellenar	*remplir*
robar	*voler (qq. chose)*
chocar con + complt.	*heurter + complt.*
cumplir x años	*avoir (atteindre) x années*
poner una denuncia	*porter plainte*

Noms

la bolsa	*le sac (plastique, papier, pour les courses)*
el bolsillo	*la poche (d'un vêtement)*
bolso	*sac à main*
la cartera	*le portefeuille*
ladrón	*voleur*
muchacho/a	*jeune homme, jeune fille*
noticia	*nouvelle, information*
sol	*soleil*
suelo	*sol*

Locutions adverbiales

al rato	*un moment après*
de pronto	*soudain*

Module 19
CORRIGÉ

ESENCIALES

PAGE 176
Prononciation et orthographe : le tréma
1 A 2 B 3 A 4 B 5 A 6 A 7 B 8 A 9 A 10 B

PAGE 177
L'accent écrit
1 B 2 A 3 A 4 B 5 A 6 B 7 B 8 A 9 A 10 B

Lexique : contenants et contenus
1 A 2 D 3 B 4 C

PAGE 178
Donner un ordre, au tutoiement et au vouvoiement
1 A 2 C 3 A 4 C 5 C 6 A 7 C 8 A

PAGE 179
L'imparfait de l'indicatif (modèles réguliers)
1 B 2 A 3 A 4 B 5 B 6 C 7 A

PAGE 180
L'imparfait de l'indicatif (modèles irréguliers)
1 A 2 B 3 A 4 B 5 B 6 A 7 B 8 B 9 A 10 B
1 B 2 C 3 B 4 B 5 C 6 C

PAGE 181
Le passé simple de l'indicatif
1 B 2 A 3 A 4 A 5 C 6 C 7 A

PAGE 182
Quelques irrégularités au passé simple de l'indicatif
1 B 2 B 3 A 4 C 5 C 6 B

PAGE 183
L'emploi des temps du passé
1 C 2 C 3 B 4 D 5 A 6 D

Vous avez obtenu entre 0 et 14 ? ¡Ay, ay, ay!
Vous avez obtenu entre 15 et 29 ? Muy justito...
Vous avez obtenu entre 30 et 44 ? No está mal, pero...
Vous avez obtenu entre 45 et 59 ? Enhorabuena.
Vous avez obtenu 60 et plus ? ¡Eres un auténtico fenómeno!

Module 20
ESENCIALES

Tema La belle-famille

Corrigé page 195

Complétez les définitions.

1. El padre de mi mujer es mi...
   (A) cuñado. (B) suegro. (C) yerno.

2. La mujer de mi hijo es mi...
   (A) cuñada. (B) suegra. (C) nuera.

3. La hermana de mi mujer es mi...
   (A) cuñada. (B) suegra. (C) nuera.

4. El marido de mi hija es mi...
   (A) cuñado. (B) suegro. (C) yerno.

Tema Le corps

Donnez la fin du mot tronqué en choisissant entre l'une des syllabes proposées.

Corrigé page 195

1. Me he roto el bra...
   (A) ... sa. (B) ... zo. (C) ... co.

2. Dame la ma...
   (A) ... na. (B) ... ni. (C) ... no.

3. Tiene pier... largas.
   (A) ... nas. (B) ... las. (C) ... tas.

4. Te pido perdón de rodi...
   (A) ... los. (B) ... llas. (C) ... llos.

5. Tengo de... de pianista.
   (A) ... dos. (B) ... das. (C) ... tos.

Donnez le début du mot tronqué en choisissant entre l'une des syllabes proposées.

Corrigé page 195

1. Llevo el reloj en la ...ca izquierda.
   (A) meñi ... (B) muñe... (C) miña...

2. Un pie tiene veintiséis ...sos.
   A ho... B o... C hue...

3. Me he torcido el ...llo.
   A chevi... B tobi... C chovi...

4. Cúbrete el ...llo.
   A cue... B co... C cui...

Tema Avoir mal à...

Avec les éléments fournis, quelle est la construcion de phrase correcte ?

Corrigé page 195

1. nosotros / doler / la garganta
   A Nos dolemos la garganta.
   B Nos duele la garganta.
   C A nosotros nos duelen la garganta.

2. ellos / doler / la cabeza
   A A ellos se les duele la garganta.
   B Duelen la cabeza.
   C Les duele la cabeza.

3. yo / doler / los dientes
   A A mí me duelen los dientes.
   B Duelo los dientes.
   C Me duele los dientes.

4. tú / doler / los oídos
   A Te duelen los oídos.
   B Te dueles los oídos.
   C Ti duelen los oídos.

5. usted / doler / la nariz
   - A A usted se le duele la nariz.
   - B Le duele la nariz.
   - C A usted se duele la nariz.

6. vosotros / doler / los ojos
   - A A vosotros doléis los ojos.
   - B Os duelen los ojos.
   - C Vos doléis los ojos.

Tema Les passés simples forts

*Introduisez dans les phrases données la forme au passé simple du verbe **querer** qui convient.*

Corrigé page 19

1. ¿Por qué no ... ir al médico?
   A quisistes B quisite C quisiste D quisiteis

2. Mi suegra no ... ayudarme.
   A quise B quiso C quisé D quisó

3. Yo no ... llevarla al médico.
   A quise B quiso C quisé D quisó

4. No ... movernos en todo el fin de semana.
   A quisiemos B quisismos C quiesimos D quisimos

5. No ... bañarse.
   A quesieron B quieseron C quisieron D quiseron

6. ¿Por qué no ... venir con nosotros?
   A quisistis B quisiestis C quisiteis D quisisteis

Module 20
ESENCIALES

Les phrases données sont rédigées au présent. Transposez-les au passé simple.

Corrigé page 195

1. ¿Vas a la playa hoy?
   - A ¿Viste a la playa ayer?
   - B ¿Fuiste a la playa ayer?
   - C ¿Fuites a la playa ayer?

2. No sois prudentes.
   - A No fuisteis prudentes.
   - B No fuistes prudentes.
   - C No fuiteis prudentes.

3. Estas vacaciones son horribles.
   - A Aquellas vacaciones fueron horribles.
   - B Aquellas vacaciones fieron horribles.
   - C Aquellas vacaciones fuyeron horribles.

4. Voy a casa de mi cuñado a hacer una barbacoa.
   - A Fuo a casa de mi cuñado a hacer una barbacoa.
   - B Fue a casa de mi cuñado a hacer una barbacoa.
   - C Fui a casa de mi cuñado a hacer una barbacoa.

5. Mi cumpleaños es hoy.
   - A Mi cumpleaños fuo anteayer.
   - B Mi cumpleaños fue anteayer.
   - C Mi cumpleaños fui anteayer.

6. Vamos a tomar el sol esta tarde.
   - A Fuimos a tomar el sol ayer tarde.
   - B Vimos a tomar el sol ayer tarde.
   - C Fuemos a tomar el sol ayer tarde.

Module 20
ESENCIALES

Les phrases données sont rédigées au passé composé. Transposez-les au passé simple.

Corrigé page 195

1. Pedro no ha tenido vacaciones este año.
   - A El año pasado Pedro no tuvo vacaciones.
   - B El año pasado Pedro no tuve vacaciones.

2. He tenido que ir al médico hoy.
   - A La semana pasada tuvo que ir al médico.
   - B La semana pasada tuve que ir al médico.

3. ¿Has tenido un accidente esta mañana?
   - A ¿Tuviste un accidente ayer?
   - B ¿Tuvistes un accidente ayer?

4. No han tenido cuidado y se han puesto enfermos.
   - A No tuveron cuidado y se ponieron enfermos.
   - B No tuvieron cuidado y se pusieron enfermos.

5. ¿Por qué no os habéis puesto un sombrero?
   - A ¿Por qué no os pusisteis un sombrero?
   - B ¿Por qué no os pusiteis un sombrero?

Tema Les temps composés

Introduisez le temps composé qui convient dans chaque phrase.

Corrigé page 195

1. Creía que te ... el brazo.
   - A hayas roto
   - B habías roto

2. No pienso que ... una buena idea.
   - A haya sido
   - B había sido

3. ¿No ... que os quedabais en casa?
   - A hayáis dicho
   - B habías dicho

4. Lo siento, no me ... de tu enfermedad.
   - A haya enterado
   - B había enterado

5. Quiero que ... de comer a las tres, ¿vale?
   - A hayamos terminado
   - B habíamos terminado

6. No contestan, quizás ...
   - A hayan salido.
   - B habían salido.

Tema La santé, la maladie

Quel est le bon équivalent espagnol pour chaque phrase ? Il peut y avoir plusieurs réponses justes.

Corrigé page 195

1. Je suis enrhumé.
   - A Estoy resfriado.
   - B Estoy acatarrado.
   - C Estoy constipado.

2. J'ai de la toux.
   - A Tengo de la tox.
   - B Tengo tos.
   - C Tengo tox.

3. Avez-vous une ordonnance ?
   - A ¿Tiene usted una receta?
   - B ¿Tiene usted una ordenanza?
   - C ¿Tiene usted una orden?

4. Je vais vous prescrire un antibiotique.
   - A Le voy a describir un antibiótico.
   - B Le voy a ordenar un antibiótico.
   - C Le voy a recetar un antibiótico.

5. Je me suis coupé.
   - A Me he mareado.
   - B Me he caído.
   - C Me he cortado.

6. Je voudrais du coton et un bandage.
   - A Quisiera cotón y un venda.
   - B Quisiera algodón y una venda.
   - C Quisiera alcotón y un vendo.

Module 20
ESENCIALES

Tema Connecteurs logiques : opposition et conséquence

Quel connecteur logique devez-vous introduire entre les deux membres de phrase ?

1. Lo de usted no es grave, ... su suegra sí necesita ir al hospital.
   A en cambio — B por lo tanto

2. Mi suegra se pone morena enseguida. Yo, ..., no lo consigo.
   A en cambio — B por lo tanto

3. Se ha roto el brazo. Voy a tener ... que ponerle una escayola.
   A en cambio — B por lo tanto

4. Tiene usted un fuerte catarro. ... le aconsejo que guarde cama unos días.
   A En cambio — B Por lo tanto

5. El corte en el dedo es superficial. ... basta con una tirita.
   A En cambio — B Por lo tanto

6. El corte en el dedo es superficial. ... le voy a recetar una crema para las quemaduras de la espalda.
   A En cambio — B Por lo tanto

Verbes et locutions verbales ÚTILES

bañarse	*se baigner*
cortarse	*se couper*
cubrirse	*se couvrir*
doler	*faire mal* (v. à diphtongue)
moverse	*bouger* (v. à diphtongue, intransitif)
recetar	*prescrire*
torcer	*tordre* (v. à diphtongue)
ponerse moreno	*bronzer*
guardar cama	*garder le lit, être alité*
tener cuidado	*faire attention*

La belle-famille

familia política	*belle-famille*
cuñado/a	*beau-frère, belle-soeur*
nuera	*bru*
suegro/a	*beau-père, belle-mère*
yerno	*gendre*

Le corps

brazo	*bras*
cuello	*cou*
dedo	*doigt*
garganta	*gorge*
hueso	*os*
mano	*main*
la muñeca	*le poignet*
pierna	*jambe*
la rodilla	*le genou*
el tobillo	*la cheville*

La santé et la maladie

acatarrado/a	*enrhumé/e*
catarro	*rhume*
constipado/a	*enrhumé/e*
un corte	*une coupure*
algodón	*coton*

Module 20
ÚTILES

crema	*crème*
enfermedad	*maladie*
una escayola	*un plâtre*
hospital	*hôpital*
quemadura	*brûlure*
receta	*ordonnance*
resfriado/a	*enrhumé/e*
una tirita	*un pansement*
tos	*toux*
una venda	*un bandage*

Les vacances

la barbacoa	*le barbecue*
el mar	*la mer*
playa	*plage*
sombrero	*chapeau*
vacaciones	*vacances*

Adverbes de temps

anteayer	*avant-hier*
ayer	*hier*
ayer tarde	*hier soir*
enseguida	*tout de suite*

Connecteurs logiques

en cambio	*en revanche*
por lo tanto	*par conséquent*

Module 20
CORRIGÉ

ESENCIALES

PAGE 186
La belle-famille
1 B 2 C 3 A 4 C

PAGE 186
Le corps
1 B 2 C 3 A 4 B 5 A
1 B 2 C 3 B 4 A

PAGE 187
Avoir mal à...
1 B 2 C 3 A 4 A 5 B 6 B

PAGE 188
Les passés simples forts
1 C 2 B 3 A 4 D 5 C 6 D
1 B 2 A 3 A 4 C 5 B 6 A
1 A 2 B 3 A 4 B 5 A

PAGE 190
Les temps composés
1 B 2 A 3 B 4 B 5 A 6 A

PAGE 191
La santé, la maladie
1 A, B et C 2 B 3 A 4 C 5 C 6 B

PAGE 192
Connecteurs logiques : opposition et conséquence
1 A 2 A 3 B 4 B 5 B 6 A

Vous avez obtenu entre 0 et 10 ? **¡Ay, ay, ay!**
Vous avez obtenu entre 11 et 21 ? **Muy justito...**
Vous avez obtenu entre 22 et 32 ? **No está mal, pero...**
Vous avez obtenu entre 33 et 43 ? **Enhorabuena.**
Vous avez obtenu 44 et plus ? **¡Eres un auténtico fenómeno!**

Module 21
ESENCIALES

Tema Questions orthographiques : pluriel, diminutif et superlatif

Quelle forme prendra la phrase donnée au pluriel ?

Corrigé page 206

1. Mi animal preferido es el pez.
   - A Mis animales preferidos son los peses.
   - B Mis animales preferidos son los pezes.
   - C Mis animales preferidos son los peces.

2. No soy capaz de hacerlo.
   - A No somos capazes de hacerlo.
   - B No somos capaces de hacerlo.
   - C No somos capases de hacerlo.

3. Tengo un amigo barcelonés.
   - A Tengo amigos barceloneses.
   - B Tengo amigos barceloneces.
   - C Tengo amigos barcelonezes.

4. He ido a España una sola vez.
   - A He ido a España varias vezes.
   - B He ido a España varias veses.
   - C He ido a España varias veces.

5. Me encanta el autobús.
   - A Me encantan los autobuzes.
   - B Me encantan los autobuces.
   - C Me encantan los autobuses.

Quelle forme prendra l'adjectif si vous l'exprimez au superlatif absolu ?

Corrigé page 206

1. ¡Felices fiestas!
   - A ¡Felicísimas fiestas!
   - B ¡Felizísimas fiestas!
   - C ¡Felisísimas fiestas!
   - D ¡Feliquísimas fiestas!

2. Las gambas están frescas.
   - A Las gambas están frescísimas.
   - B Las gambas están fressísimas
   - C Las gambas están fresquísimas.
   - D Las gambas están freskísimas.

3. Hay poca gente.
   - A Hay poquísima gente.
   - B Hay pocísima gente.
   - C Hay pokísima gente.
   - D Hay posísima gente.

4. La cola es larga.
   - A La cola es largüísima.
   - B La cola es larguízima.
   - C La cola es largísima.
   - D La cola es larguísima.

5. Este pescado está rico.
   - A Este pescado está riquísimo.
   - B Este pescado está rizísimo
   - C Este pescado está rikísimo.
   - D Este pescado está ricísimo.

Quelle forme prendront ces noms si vous les exprimez au diminutif ?

Corrigé page 206

1. ¡Qué nariz más bonita!
   - A ¡Qué narizita más bonita!
   - B ¡Qué narisita más bonita!
   - C ¡Qué naricita más bonita!
   - D ¡Qué narissita más bonita!

2. Me encantan las plazas de Cádiz.
   - A Me encantan las placitas de Cádiz.
   - B Me encantan las plazitas de Cádiz
   - C Me encantan las plassitas de Cádiz.
   - D Me encantan las plasitas de Cádiz.

3. Es una muchacha encantadora.
   - A Es una muchacita encantadora.
   - B Es una muchakita encantadora.
   - C Es una muchaquita encantadora.
   - D Es una muchachita encantadora.

4. ¿A cuánto está el marisco hoy?
   - A ¿A cuánto está el mariskito hoy?
   - B ¿A cuánto está el marisquito hoy?
   - C ¿A cuánto está el mariscito hoy?
   - D ¿A cuánto está el maricito hoy?

5. Mi hija tiene muchas amigas.
   - A Mi hija tiene muchas amijitas.
   - B Mi hija tiene muchas amigüitas.
   - C Mi hija tiene muchas amiguitas.
   - D Mi hija tiene muchas amigitas.

Tema Demander un prix

Complétez la phrase avec une formule interrogative. Il peut y avoir plusieurs réponses exactes.

Corrigé page 206

1. ¿... cuesta una paella en este restaurante?
   - A A cuánto
   - B Cómo
   - C Cuánto
   - D A qué
   - E Qué

2. ¿A ... están los calamares?
   - A a cuánto
   - B cómo
   - C cuánto
   - D a qué
   - E qué

3. ¿... precio están las gambas?
   - A A cuánto
   - B Cómo
   - C Cuánto
   - D A qué
   - E Qué

4. ¿... está el kilo de mejillones?
   - A A cuánto
   - B Cómo
   - C Cuánto
   - D A qué
   - E Qué

5. ¿... precio está el pollo de granja?
   - A A cuánto
   - B Cómo
   - C Cuánto
   - D A qué
   - E Qué

6. ¿... precio tienen las naranjas?
   - A A cuánto
   - B Cómo
   - C Cuánto
   - D A qué
   - E Qué

Tema Remercier

Cochez la bonne traduction. Il peut y avoir plusieurs possibilités.

Corrigé page 206

1. Remercie-le.
   - A Agradécele.
   - B Dale las gracias.

2. Tu n'as pas à me remercier.
   - A No me tienes que agradecer.
   - B No me tienes que dar las gracias.

3. Les voisins nous remercient.
   - A Los vecinos nos agradecen.
   - B Los vecinos nos dan las gracias.

4. Je te remercie pour ton cadeau.
   - A Te agradezco por tu regalo.
   - B Te agradezco tu regalo.
   - C Te doy las gracias por tu regalo.

5. Les voisins nous remercient de ce que nous avons fait.
   - A Los vecinos nos agradecen lo que hemos hecho.
   - B Los vecinos nos agradecen por lo que hemos hecho.
   - C Los vecinos nos dan las gracias por lo que hemos hecho.

Tema Faire la queue

Complétez les phrases données ; il peut y avoir plusieurs réponses justes.

Corrigé page 206

1. Si soy el último en una cola y entra un cliente, ...
   - A le pido la vez. B le doy la vez.
2. Si llego a una tienda y hay clientes, ...
   - A pido la vez. B doy la vez.
3. Si llego a una tienda y hay clientes, ...
   - A hago cola. B hago la cola. C hago la ola.
4. Si llego a una tienda y hay clientes, pregunto:
   - A ¿Quién es el último? B ¿Quién va? C ¿A quién le toca?
5. Si llega mi turno, digo:
   - A Voy yo. B Me toca a mí. C ¿Quién da la vez?

Tema Prépositions de temps et de lieu

Complétez avec une des prépositions fournies.

Corrigé page 206

1. Me lavo los dientes ... comer.
   - A antes de B delante de C después de D detrás de
2. Me lavo las manos ... comer.
   - A antes de B delante de C después de D detrás de
3. Suelo cenar ... la tele.
   - A antes de B delante de C después de D detrás de ...

4. … comer, siempre tengo ganas de echar la siesta.
   A Antes de B Delante de C Después de D Detrás de

5. Hagan cola, por favor, uno … otro.
   A antes de B delante de C después de D detrás de

Tema Les passés simples irréguliers

Transposez les phrases suivantes au passé simple.

Corrigé page 206

1. Hoy he estado en casa toda la mañana.
   A Ayer estuvo en casa toda la mañana.
   B Ayer estuve en casa toda la mañana.
   C Ayer estuvi en casa toda la mañana.
   D Ayer estuvó en casa toda la mañana.

2. Este año Pedro está en el paro.
   A El año pasado Pedro estuvo en el paro.
   B El año pasado Pedro estuve en el paro.
   C El año pasado Pedro estuvó en el paro.
   D El año pasado Pedro estuvé en el paro.

3. ¿Dónde habéis estado esta mañana?
   A ¿Dónde estuviteis anoche?
   B ¿Dónde estuvistes anoche?
   C ¿Dónde estuvisteis anoche?
   D ¿Dónde estuvistis anoche?

4. ¿Eres tú el que llama todas las noches?
   A ¿Estuvistes tú el que llamó anteanoche?
   B ¿Fuistes tú el que llamó anteanoche?
   C ¿Estuviste tú el que llamó anteanoche?
   D ¿Fuiste tú el que llamó anteanoche?

5. Han estado de compras hoy.
   - A Estuvieron de compras anteayer.
   - B Estuveron de compras anteayer.
   - C Fueron de compras anteayer.
   - D Fuyeron de compras anteayer.

Introduisez dans les phrases données les formes verbales au passé simple qui conviennent.

Corrigé page 206

1. ¿A qué precio ... usted estas gambas?
   - A consigió
   - B consegó
   - C conseguió
   - D consiguió

2. De primero tomé un arroz y luego ... con carne a la plancha.
   - A seguí
   - B siguí
   - C segí
   - D sigüí

3. ¿Por qué ... este restaurante?
   - A elegiste
   - B eligiste
   - C elejiste
   - D elijiste

4. No lo ... yo, lo ... mis padres.
   - A eligí / eligieron
   - B eligí / elegieron
   - C elejí / elijieron
   - D elegí / eligieron

5. Vosotros ... arroz con pollo y nosotros ... lubina a la sal.
   - A pidisteis / pedimos
   - B piditeis / pedimos
   - C pedisteis / pidimos
   - D pedisteis / pedimos

6. Yo ... pescado frito y mi marido ... pescado a la plancha.
   - A pidí / pedió
   - B pedí / pedió
   - C pedí / pidió
   - D pidí / pidió

Dans les phrases suivantes, il faut remplacer la formule **al** *+ infinitif par* **cuando** *+ passé simple.*

Corrigé page 206

1. Al llegar a casa, vio que habían robado.
   - A Cuando llegó a casa, vio que habían robado.
   - B Cuando llegué a casa, vio que habían robado.
   - C Cuando llegé a casa, vio que habían robado.

2. Al pagar, nos dimos cuenta de que era carísimo.
   - A Cuando paguemos, nos dimos cuenta de que era carísimo.
   - B Cuando paguimos, nos dimos cuenta de que era carísimo.
   - C Cuando pagamos, nos dimos cuenta de que era carísimo.

3. Al poneros de pie, ¿os dolió la espalda?
   - A Cuando os ponisteis de pie, ¿os dolió la espalda?
   - B Cuando os pusisteis de pie, ¿os dolió la espalda?
   - C Cuando os pusistes de pie, ¿os dolió la espalda?

4. Al sacar la mano del bolsillo, se me cayó la cartera.
   - A Cuando sacié la mano del bolsillo, se me cayó la cartera.
   - B Cuando saqué la mano del bolsillo, se me cayó la cartera.
   - C Cuando sacó la mano del bolsillo, se me cayó la cartera.

5. Al darme la mano, ¿no me reconociste?
   - A Cuando me duste la mano, ¿no me reconociste?
   - B Cuando me daste la mano, ¿no me reconociste?
   - C Cuando me diste la mano, ¿no me reconociste ?

6. Al vernos, miraron a otra parte.
   - A Cuando los vimos, miraron a otra parte.
   - B Cuando nos vieron, miraron a otra parte.
   - C Cuando los vieron, miraron a otra parte.

Module 21
ÚTILES

Remercier

agradecer	*remercier*. Jamais intransitif (**Agradezco** tout seul ne signifie rien). Se construit avec un double complément : **Te agradezco tu ayuda**, *Je te remercie de ton aide*.
dar las gracias	*remercier*. **dar las gracias**, *remercier*. Peut être intransitif (**Doy las gracias**, *Je remercie*). Avec deux compléments, dont l'un introduit par **por** : **Te doy las gracias por tu ayuda**, *Je te remercie de ton aide*.

Faire la queue

hacer cola	*faire la queue*
pedir la vez	*acte de demander qui est le dernier dans une file d'attente*
dar la vez	*dire que l'on est le dernier*
¿A quién le toca?, ou **¿Quién va?**	*À qui le tour ?* (C'est le commerçant qui parle.)
Me toca a mí / te toca a ti / le toca a él...	*C'est mon / ton / son tour.*
Voy yo / Va usted	*C'est à moi / C'est à vous.*

Demander un prix

¿Cuánto cuesta(n)...?	*Combien coûte(nt)... ?*
¿Qué precio tiene(n)...?	mot à mot *Quel prix a (ont)... ?*
¿A cuánto está(n)...? / ¿A cómo está(n)...?	*Il est / Ils sont à combien... ?*

Le poisson

a la plancha	*grillé sur une plaque*
a la sal	*au sel*
calamar	*calamar*
el mejillón	*la moule*
frito	*frit*

gamba	*crevette*
la lubina	*le bar*
marisco	*fruit de mer*
arroz con marisco	*riz aux fruits de mer*
pescadería	*poissonnerie*
pescado	*poisson (pour la consommation)*
pez	*poisson (vivant)*

Adverbes et prépositions de temps

anoche	*hier soir*
anteanoche	*avant-hier soir*
anteayer	*avant-hier*
antes	*avant* (adv.)
antes de	*avant* (prép.)
ayer	*hier*
después	*après* (adv.)
después de	*après* (prép.)
el año pasado	*l'année dernière*
hoy	*aujourd'hui*
luego	*ensuite*

Adverbes et prépositions de lieu

delante	*devant* (adv.)
delante de	*devant* (prép.)
detrás	*derrière* (adv.)
detrás de	*derrière* (prép.)

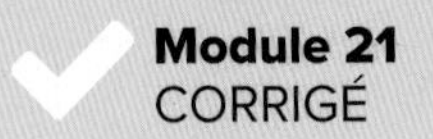

Module 21
CORRIGÉ

ESENCIALES

PAGE 196

Questions orthographiques : pluriel, diminutif et superlatif

1 C 2 B 3 A 4 C 5 C
1 A 2 C 3 A 4 D 5 A
1 C 2 A 3 D 4 B 5 C

PAGE 198

Demander un prix

1 C, E 2 B, C 3 D 4 A 5 D 6 E

PAGE 199

Remercier

1 B 2 B 3 B 4 B, C 5 A, C

PAGE 200

Faire la queue

1 B 2 A 3 A 4 A 5 A, B

Prépositions de temps et de lieu

1 C 2 A 3 B 4 C 5 D

PAGE 201

Les passés simples irréguliers

1 B 2 A 3 C 4 D 5 A
1 D 2 A 3 A 4 D 5 D 6 C
1 A 2 C 3 B 4 B 5 C 6 B

VOTRE SCORE :

Vous avez obtenu entre 0 et 10 ? **¡Ay, ay, ay!**
Vous avez obtenu entre 11 et 21 ? **Muy justito...**
Vous avez obtenu entre 22 et 32 ? **No está mal, pero...**
Vous avez obtenu entre 33 et 43 ? **Enhorabuena.**
Vous avez obtenu 44 et plus ? **¡Eres un auténtico fenómeno!**

Tema Le nom des commerces

Corrigé page 218

Complétez le nom du commerce avec une des terminaisons proposées.

1. Compro pan en la pana...
   A ...cería. B ...dería. C ...ería. D ...lería.

2. Compro carne en la carni...
   A ...cería. B ...dería. C ...ería. D ...tería.

3. Compro salchichón en la charcu...
   A ...cería. B ...dería. C ...lería. D ...tería.

4. Compro verdura en la verdu...
   A ...dería. B ...lería. C ...rería. D ...tería.

5. Compro pescado en la pesca...
   A ...dería. B ...ería. C ...lería. D ...tería.

6. Compro fruta en la fru...
   A ...cería. B ...dería. C ...ería. D ...tería.

Tema Les catégories d'aliments

Légume vert ou légume sec ? Classez chaque aliment dans la catégorie qui lui correspond.

Corrigé page 218

1. el garbanzo
   A legumbre B verdura

2. la cebolla
   A legumbre B verdura

3. el puerro
   A legumbre B verdura

4. la alubia
   A legumbre B verdura

5. la lenteja
   A legumbre B verdura

6. la zanahoria
   A legumbre — B verdura

7. el pimiento
   A legumbre — B verdura

Fruit ou fruit sec ? Classez chaque aliment dans la catégorie qui lui correspond.

Corrigé page 218

1. la avellana
   A fruta — B fruto seco

2. la nuez
   A fruta — B fruto seco

3. el melocotón
   A fruta — B fruto seco

4. el cacahuete
   A fruta — B fruto seco

5. el plátano
   A fruta — B fruto seco

6. la pasa
   A fruta — B fruto seco

7. la pera
   A fruta — B fruto seco

8. la manzana
   A fruta — B fruto seco

9. la piña
   A fruta — B fruto seco

10. la uva
    A fruta — B fruto seco

11. la almendra
    A fruta — B fruto seco

12. la cereza
    A fruta
    B fruto seco

Tema Produits et conditionnements

Associez chaque produit à un conditionnement. Il peut parfois y avoir plusieurs réponses valables.

Corrigé page 218

1. ... de papel higiénico.
   A Un rollo B Un tarro C Un tubo D Una lata
2. ... de patatas fritas.
   A Un tubo B Una bolsa C Una botella D Una lata
3. ... de pasta de dientes.
   A Un rollo B Un tarro C Un tubo D Una lata
4. ... de vino.
   A Un cartón B Un tubo C Una bolsa D Una botella
5. ... de cerveza.
   A Un rollo B Un tarro C Una botella D Una lata
6. ... de mermelada.
   A Un paquete B Un tarro C Una bolsa D Una lata
7. ... de detergente.
   A Un paquete B Un rollo C Una bolsa D Una botella
8. ... de champú.
   A Un rollo B Un tubo C Una bolsa D Una lata
9. ... de leche.
   A Un cartón B Un rollo C Una bolsa D Una botella
10. ... de sardinas.
    A Un rollo B Un tubo C Una bolsa D Una lata

Module 22 ESENCIALES

Tema Objets et matières

Associez chaque objet à la matière dont il est fait. Il peut parfois y avoir plusieurs réponses valables.

Corrigé page 218

1. Un vaso...
   A de plástico. B de cristal. C de lana.

2. Un jersey...
   A de papel. B de lana. C de madera.

3. Una camisa...
   A de hierro. B de piedra. C de algodón.

4. Una silla...
   A de madera. B de papel. C de algodón.

5. Una puerta...
   A de papel. B de hierro. C de algodón.

6. Una mesa...
   A de piedra. B de madera. C de papel.

7. Una cazadora...
   A de lana. B de cristal. C de cuero.

8. Una bolsa...
   A de plástico. B de papel. C de hierro.

Tema *Ser et estar*

Complétez chaque phrase avec une des deux propositions.

Corrigé page 218

1. Las gambas ... más ricas con un poquito de sal y limón.
   A son B están

2. No todas las españolas ... morenas y de ojos negros.
   A son B están

3. No ... bastante rico para ir a este restaurante.
   A soy B estoy

4. Cuando no ... fresco, el pescado huele mal.
   A es — B está

5. Estas sardinas, ¿... frescas o congeladas?
   A son — B están

6. No hay que comer manzanas si ... verdes.
   A están — B son

7. Tus ojos ... verdes como la hierba.
   A son — B están

8. Ya ... listo, ¿vamos?
   A soy — B estoy

9. ... más listo que su hermano.
   A Es — B Está

10. ¡... muy morena! ¿Has ido a la playa?
   A Eres — B Estás

Complétez chaque phrase avec une des deux propositions.

Corrigé page 218

1. Comer demasiada mantequilla no ... bueno para el corazón.
   A es — B está

2. ¡Puaj! ¡Estos cruasanes no ... buenos!
   A son — B están

3. Estos precocinados ... malísimos: no sé cómo puedes comértelos.
   A son — B están

4. ... malísimos para la salud.
   A Son — B Están

5. Mira la fecha de estos yogures y dime si todavía ... buenos
   A son — B están

6. Me encantan los yogures y además ... buenos para la digestión.
   A son — B están

7. ... malo, tengo un fuerte catarro.
   A Soy — B Estoy

8. ¡Qué malo ... cocinando!
   A eres — B estás

9. ... bueno echarse una siesta después de comer.
   A Es — B Está

10. No me cae bien. ... malo y antipático.
   A Es — B Está

Tema *Llevar* et *traer*

Introduisez le verbe qui convient dans chaque phrase.

Corrigé page 218

1. ¡... a Sevilla, por favor!
   A Llévame — B Tráeme

2. Si vas al súper, ... cervezas.
   A lleva — B trae

3. Mira, te hemos ... un regalo.
   A llevado — B traído

4. Escúchame, ... buenas noticias.
   A llevo — B traigo

5. Tengo coche, ¿quieres que te ... a alguna parte?
   A lleve — B traiga

6. Si vas a hacer la compra, ... una lista.
   A llévate — B tráete

7. Hacemos una barbacoa en casa, ... vosotros las bebidas, ¿vale?
   A llevad — B traed

8. Está en la cama y no puede moverse, ... el periódico.
   A llévale — B tráele

Tema Passés simples irréguliers

Introduisez la forme verbale qui convient dans chaque phrase.

1. Mis abuelos siempre ... la compra en las tiendas de barrio.
   A hiceron B hizieron C hacieron D hicieron
2. Ayer ... pasta con gambas.
   A hacimos B hazimos C hicimos D hizimos
3. Finalmente, ¿cómo ... el marisco?
   A hicisteis B hacisteis C hizisteis D hicistes
4. Lo ... yo solo, no me ... falta ayuda de nadie.
   A hico / hize B hací / hació C hizo / hice D hice / hizo
5. Se te ha olvidado casi todo, ¿por qué no ... una lista?
   A hacistes B hiciste C hiziste D hicistes

Transposez au passé simple le verbe des phrases données.

Corrigé page 218

1. ¿Por qué traes esos precocinados asquerosos?
   A traístes B traíste C trajiste D trajistes
2. Te traigo el zumo de naranja que te gusta.
   A trajo B traje C traí D trají
3. Traen un montón de cosas inútiles del súper.
   A trajiron B trajieron C trajeron D trayeron
4. ¿Qué te digo siempre?
   A dijó B dijé C dijo D dije
5. ¿Y los vecinos no te dicen nada?
   A dijieron B dijeron C dejeron D dejieron
6. Mi abuela italiana nunca me dice cómo hacer la pasta.
   A dijó B dijé C dijo D dije

Module 22
ÚTILES

Verbes

cocinar	*cuisiner*
llevar	*mener*, *emmener*, *emporter*, *porter*. Indique un mouvement à partir de l'endroit où se trouve le sujet qui parle. C'est la même idée que **ir**, *aller*.
traer	*ramener*, *rapporter*, *amener*. Indique un mouvement vers l'endroit où se trouve le sujet qui parle. C'est l'idée de **venir**, *venir*.

Valeurs de *ser* et *estar* + adjectif

ser bueno/a	*être bon/ne, gentil/le (qualités, caractère) ; être bon (pour la santé)*
estar bueno/a	*être en bonne santé ; être bon (au goût)*
ser malo/a	*être méchant/e ; être mauvais/e (en qualité, pour la santé)*
estar malo/a	*être malade ; être mauvais/e (au goût)*
ser moreno/a	*être brun/e*
estar moreno/a	*être bronzé/e*
ser rico/a	*être riche*
estar rico/a	*être bon/ne (au goût)*
ser verde, azul, ...	*être vert, bleu...* (qualité vue comme essentielle, par ex. pour l'herbe, le ciel...)
estar verde, azul	*être vert, bleu...* (considération accidentelle, par ex. pour une pomme non-mûre, le ciel à tel moment...)
ser listo/a	*être intelligent/e*
estar listo/a	*être prêt/e*

Légumes et légumes secs

la verdura	*les légumes*
las legumbres	*les légumes secs*
garbanzo	*pois chiche*
la alubia	*le haricot (sec)*

la cebolla	*l'oignon*
la judía verde	*le haricot vert*
lenteja	*lentille*
pimiento	*poivron*
puerro	*poireau*
zanahoria	*carotte*

Fruits et fruits secs

la fruta	*les fruits*
los frutos secos	*les fruits secs*
almendra	*amande*
avellana	*noisette*
cacahuete	*cacahuète*
cereza	*cerise*
limón	*citron*
manzana	*pomme*
el melocotón	*la pêche*
nuez	*noix*
la pasa	*le raisin sec*
pera	*poire*
la piña	*l'ananas*
el plátano	*la banane*
la uva	*le raisin*

Commerces et professions

carnicería / carnicero	*boucherie / boucher*
panadería / panadero	*boulangerie / boulanger*

pescadería / pescadero	*poissonnerie / poissonnier*
verdulería / verdulero	*le primeurs (magasin) / marchand de primeurs*
frutería / frutero	*commerce de fruits / marchand de fruits*

Les conditionnements

botella	*bouteille*
cartón	*carton, brique*
lata	*boîte de conserve, canette*
paquete	*paquet*
rollo	*rouleau*
tarro	*pot*
tubo	*tube*
una bolsa	*un sac non rigide (plastique ou papier)*

Provisions (boissons, aliments, hygiène et entretien)

bebida	*boisson*
cerveza	*bière*
champú	*shampoing*
cruasán	*croissant*
el detergente	*la lessive*
mermelada	*confiture*
papel higiénico	*papier hygiénique*
salchichón	*saucisson*
vino	*vin*
yogur	*yaourt*
zumo	*jus*

Matières

algodón	*coton*
cristal	*verre*
cuero	*cuir*
hierro	*fer*
lana	*laine*
la madera	*le bois*
papel	*papier*
piedra	*pierre*
plástico	*plastique*

Noms et adjectifs

asqueroso/a	*dégoûtant/e*
corazón	*cœur*
digestión	*digestion*
jersey	*pull-over*
montón	*tas*
puerta	*porte*
salud	*santé*
súper	dim. de **supermercado**, *supermarché*

Module 22
CORRIGÉ

ESENCIALES

PAGE 207

Le nom des commerces

1 B 2 A 3 D 4 B 5 A 6 D

Les catégories d'aliments

1 A 2 B 3 B 4 A 5 A 6 B 7 B

1 B 2 B 3 A 4 B 5 A 6 B 7 A 8 A 9 A 10 A 11 B 12 A

PAGE 209

Produits et conditionnements

1 A 2 B 3 C 4 A, D 5 C, D 6 B 7 A, D 8 B 9 A, D 10 D

PAGE 210

Objets et matières

1 A, B 2 B 3 C 4 A 5 B 6 A, B 7 A, C 8 A, B

Ser et ***estar***

1 B 2 A 3 A 4 B 5 A 6 A 7 A 8 B 9 A 10 B

1 A 2 B 3 B 4 A 5 B 6 A 7 B 8 A 9 A 10 A

PAGE 212

Llevar et ***traer***

1 A 2 B 3 B 4 B 5 A 6 A 7 B 8 A

PAGE 213

Passés simples irréguliers

1 D 2 C 3 A 4 D 5 B

1 C 2 B 3 C 4 D 5 B 6 C

Vous avez obtenu entre 0 et 15 ? ¡Ay, ay, ay!

Vous avez obtenu entre 16 et 31 ? Muy justito...

Vous avez obtenu entre 32 et 47 ? No está mal, pero...

Vous avez obtenu entre 48 et 63 ? Enhorabuena.

Vous avez obtenu 64 et plus ? ¡Eres un auténtico fenómeno!

Tema La date

Complétez ces phrases. Il peut y avoir plusieurs réponses correctes.

Corrigé page 228

1. ¿... día es hoy?
   - A A qué
   - B Qué

2. ¿... día estamos?
   - A A qué
   - B Qué

3. ¿Qué día ... hoy?
   - A estamos
   - B somos
   - C es
   - D está

4. ¿A qué día ... hoy?
   - A estamos
   - B somos
   - C es
   - D está

5. Hoy ... lunes.
   - A estamos a
   - B somos a
   - C estamos
   - D somos

6. Hoy ... jueves.
   - A es
   - B es a
   - C está
   - D está a

7. Ayer ... martes.
   - A estábamos
   - B estábamos a
   - C éramos
   - D éramos a

8. Ayer ... sábado.
   - A era a
   - B estaba a
   - C era
   - D estábamos a

Module 23
ESENCIALES

Associez chacune de ces festivités espagnoles à la date qui lui correspond.

Corrigé page 228

1. Día de la Constitución
   - A uno de febrero
   - B ocho de diciembre
   - C veintiuno de junio

2. Día de los Inocentes
   - A uno de abril
   - B veintiocho de diciembre
   - C uno de agosto

3. Día de Reyes
   - A seis de enero
   - B treinta de enero
   - C veinticuatro de diciembre

4. Navidad
   - A veinticinco de diciembre
   - B veinticuatro de diciembre
   - C diecisiete de abril

5. Nochebuena
   - A treinta y uno de diciembre
   - B uno de enero
   - C veinticuatro de diciembre

6. Nochevieja
   - A treinta y uno de diciembre
   - B uno de enero
   - C veinticinco de diciembre

7. Todos los Santos
   - A once de noviembre
   - B uno de noviembre
   - C veintiuno de noviembre

8. Asunción
   - A veintiuno de marzo
   - B treinta de junio
   - C quince de agosto

Comment écrit-on ces grandes dates de l'histoire d'Espagne ? Il peut y avoir plusieurs réponses exactes.

Corrigé page 228

1. 19/07/711 : batalla de Guadalete
   - A Diecinueve de jullo de setecientos once
   - B Diecinueve de juilio de setecientos once
   - C Diecinueve de julio de setecientos once

2. 12/10/1492 : llegada de Cristóbal Colón a América
   - A Doce de octubre de mil cuatrocientos noventa y dos
   - B Doce de octobre de mil cuatrocientos noventa y dos
   - C Doce de otubre de mil cuatrocientos noventa y dos

3. 06/09/1522 : primera vuelta al mundo por Juan Sebastián Elcano
   - A Seis de septiembre de mil quinientos veintidós
   - B Seis de septembre de mil quinientos veintidós
   - C Seis de setiembre de mil quinientos veintidós

4. 02/05/1808 : levantamiento de Madrid contra Napoleón
   - A Dos de mayo de mil ochocientos ocho
   - B Dos de maio de mil ochocientos ocho
   - C Dos de mallo de mil ochocientos ocho

Tema Opinions et préférences

Comment exprimerez-vous en espagnol la phrase donnée ?

Corrigé page 228

1. Êtes-vous pour les corridas ?
   - A ¿Es usted a favor de las corridas de toros?
   - B ¿Es usted en favor de las corridas de toros?
   - C ¿Está usted a favor de las corridas de toros?
   - D ¿Ha usted a favor de las corridas de toros?

2. Je suis contre le gouvernement.
   - A Soy contra el gobierno.
   - B Estoy en contra del gobierno.
   - C Soy en contra del gobierno.
   - D He contra del gobierno.

3. Nous sommes partisans des limitations de vitesse.
   - A Somos partidarios de limitar la velocidad.
   - B Estamos partidarios de limitar la velocidad.
   - C Hemos partidarios de limitar la velocidad.
   - D Habemos partidarios de limitar la velocidad.

4. Vous êtes véganes.
   - A Habéis veganas.
   - B Estáis veganas.
   - C Sois veganas.

5. Ils sont allergiques aux œufs.
   - A Son alérgicos a los huevos.
   - B Han alérgicos a los huevos.
   - C Están alérgicos a los huevos.

Tema Exprimer une transformation

Ces phrases expriment divers types de transformations. Choisissez le verbe adapté à chaque cas (il peut y avoir plusieurs réponses correctes).

Corrigé page 228

1. Me ... feliz.
   - A haces
   - B pones

2. Te has ... muy gordo últimamente.
   - A hecho
   - B puesto
   - C vuelto

3. Desde que tiene dinero, se ha ... muy antipática.
   - A hecho
   - B vuelto

4. Con la edad, mis amigos se han ... de derechas.
   - A puesto
   - B vuelto

5. Todos mis amigos se han ... veganos.
   - A hecho
   - B puesto
   - C vuelto

6. Me he ... alérgico a la carne.
   - A hecho
   - B puesto
   - C vuelto

7. He decidido ... militar.
   - A hacerme
   - B ponerme
   - C volverme

Tema Rappeler, se rappeler, se souvenir

Complétez les phrases avec le verbe qui convient (il peut y avoir plusieurs réponses justes).

Corrigé page 228

1. Si se le olvida que te debe dinero, ...
   - A acuérdaselo.
   - B recuérdaselo.

2. No ... nada.
   - A acuerdo de
   - B recuerdo
   - C me acuerdo de
   - D me recuerdo de

3. ... tengo cita a las tres, por favor.
   - A Acuérdame que
   - B Recuérdame que
   - C Acuérdame de que
   - D Recuérdame de que

4. ... hemos quedado con mis primos.
   - A Acuerda que
   - B Recuerda que
   - C Acuérdate de que
   - D Recuérdate de que

5. ¿... aquel viaje a Andalucía?
   - A Os acordáis de
   - B Acordáis
   - C Os recordáis
   - D Os recordáis de

6. ¿No ... lo que me dijiste?
   - A te acuerdas
   - B acuerdas de
   - C te recuerdas
   - D recuerdas

Tema Dire que..., dire de...

Cochez la bonne traduction de ces phrases.

Corrigé page 228

1. Dice que te olvides de ella.
   - A Elle te dit de l'oublier.
   - B Elle te dit que tu l'oublies.

2. Te dice que no te acuerdas del pasado.
   - A Elle te dit de ne pas te souvenir du passé.
   - B Elle te dit que tu ne te souviens pas du passé.

3. Dice que no seáis tan de derechas.
   - A Il vous dit de ne pas être si à droite.
   - B Il dit que vous n'êtes pas si à droite.

4. Dice que vamos a ver películas en blanco y negro.
   - A Il nous dit d'aller voir des films en noir et blanc.
   - B Il dit que nous allons voir des films en noir et blanc.

5. Dice que no vayamos a Andalucía.
   - A Il nous dit de ne pas aller en Andalousie.
   - B Il dit que nous n'allons pas en Andalousie.

6. Dice que no creéis en nada.
   - A Il dit que vous ne croyez en rien.
   - B Il vous dit de ne croire en rien.

Introduisez dans chaque phrase la forme verbale qui convient.

1. La madre le dice a su hijo que ... prudente con la moto.

   A es — B sea

2. Le dice que no ... muy rápido.

   A va — B vaya

3. El hijo le dice que no ...

   A se preocupa. — B se preocupe.

4. Le dice que él siempre ... con prudencia.

   A conduce — B conduzca

5. Le dice a su madre que ... tranquila.

   A está — B esté

6. Le dice que ... dormir tranquila.

   A puede — B pueda

Tema Passés simples irréguliers

Ces phrases sont-elles correctes ?

Corrigé page 228

1. No tuve tiempo de llamarte, disculpa.

   A Oui — B Non

2. ¿Hubo gente?

   A Oui — B Non

3. Tuvo muchos invitados para Nochevieja.

   A Oui — B Non

4. Hubieron un compromiso y no pudieron venir.

   A Oui — B Non

5. Tuvieron que irse a un hotel.

   A Oui — B Non

6. Aunque soy vegano, hube que comer carne.
   - A Oui
   - B Non

7. ¿No hubiste hambre?
   - A Oui
   - B Non

Transposez au passé simple le verbe des phrases données.

Corrigé page 228

1. Este año vienen mis padres a celebrar Nochebuena.
   - A veneron
   - B vineron
   - C vinieron
   - D venieron
2. También viene un compañero de la oficina.
   - A vino
   - B vine
   - C vinió
   - D vinó
3. Vengo para el postre.
   - A vino
   - B vine
   - C vinó
   - D viné
4. No puedo probar la carne.
   - A pudé
   - B pudo
   - C podí
   - D pude
5. No pueden quedarse para las doce uvas.
   - A puderon
   - B poderon
   - C podieron
   - D pudieron
6. ¿Nadie puede ayudarte?
   - A pudo
   - B pude
   - C pudió
   - D pudó

ÚTILES

Locutions verbales : opinions

ser partidario/a de	*être partisan/e de*
estar a favor de	*être pour*
estar en contra de	*être contre*
ser de derechas	*être de droite*
ser de izquierdas	*être de gauche*

Locutions verbales : dire la date

¿Qué día es hoy?	*C'est quel jour, aujourd'hui ?*
Es + nom **(lunes, martes...)**	*C'est lundi, mardi...*
¿A qué día estamos?	*Quel jour sommes-nous ?*
Estamos a + nom **(miércoles, jueves...)**	*Nous sommes mercredi, jeudi...*

Les mois de l'année

enero	*janvier*
febrero	*février*
marzo	*mars*
abril	*avril*
mayo	*mai*
junio	*juin*
julio	*juillet*
agosto	*août*
septiembre/setiembre	*septembre*
octubre	*octobre*
noviembre	*novembre*
diciembre	*décembre*

Quelques festivités

Día de los Inocentes	*Saints Innocents, équivalent de notre 1er avril.*
Día de Reyes	*Jour des Rois, ou Épiphanie.*
Navidad	*Noël*
Nochebuena	*Nuit de Noël, veillée de Noël*
Nochevieja	*Nuit de la Saint-Sylvestre*
Todos los Santos	*Toussaint*

Module 23
CORRIGÉ

ESENCIALES

PAGE 219
La date
1 B 2 A 3 C 4 A 5 A 6 A 7 B 8 C, D
1 B 2 B 3 A 4 A 5 C 6 A 7 B 8 C
1 C 2 A 3 A C 4 A

PAGE 221
Opinions et préférences
1 C 2 B 3 A 4 C 5 A

PAGE 222
Exprimer une transformation
1 A 2 B 3 B 4 B 5 A, C 6 C 7 A, C

PAGE 223
Rappeler, se rappeler, se souvenir
1 B 2 B, C 3 B 4 B, C 5 A 6 D

PAGE 224
Dire que..., dire de...
1 A 2 B 3 A 4 B 5 A 6 A
1 B 2 B 3 B 4 A 5 B 6 A

PAGE 225
Passés simples irréguliers
1 A 2 A 3 A 4 B 5 A 6 B 7 B
1 C 2 A 3 B 4 D 5 D 6 A

VOTRE SCORE :

Vous avez obtenu entre 0 et 12 ? ¡Ay, ay, ay!
Vous avez obtenu entre 13 et 25 ? Muy justito...
Vous avez obtenu entre 26 et 38 ? No está mal, pero...
Vous avez obtenu entre 39 et 51 ? Enhorabuena.
Vous avez obtenu 52 et plus ? ¡Eres un auténtico fenómeno!

Tema Les viandes et leur découpe

Associez une découpe à un type de viande. Il peut y avoir plusieurs bonnes réponses.

Corrigé page 238

1. un ala de...
   A conejo B pollo C ternera
2. una pechuga de...
   A pollo B conejo C pavo
3. un filete de...
   A ternera B conejo C buey
4. una chuleta de...
   A pavo B cordero C cerdo
5. un chuletón de...
   A buey B ternera C conejo
6. un muslo de...
   A pavo B pollo C gallo
7. un solomillo de...
   A cerdo B gallo C ternera

Tema Catégories d'aliments

À quelle catégorie les aliments suivants appartiennent-ils ?

Corrigé page 238

1. el lenguado
   A aves B embutidos C mariscos D pescados
2. la codorniz
   A aves B embutidos C mariscos D pescados
3. el pato
   A aves B embutidos C mariscos D pescados
4. la cigala
   A aves B embutidos C mariscos D pescados

5. la morcilla
   (A) aves (B) embutidos (C) mariscos (D) pescados

6. la gallina
   (A) aves (B) embutidos (C) mariscos (D) pescados

7. el atún
   (A) aves (B) embutidos (C) mariscos (D) pescados

8. la salchicha
   (A) aves (B) embutidos (C) mariscos (D) pescados

9. la almeja
   (A) aves (B) embutidos (C) mariscos (D) pescados

10. la ostra
   (A) aves (B) embutidos (C) mariscos (D) pescados

11. el bacalao
   (A) aves (B) embutidos (C) mariscos (D) pescados

12. el chorizo
   (A) aves (B) embutidos (C) mariscos (D) pescados

Tema À table : quelques termes usuels

Complétez les mini-phrases. Il peut y avoir plusieurs bonnes solutions.

Corrigé page 238

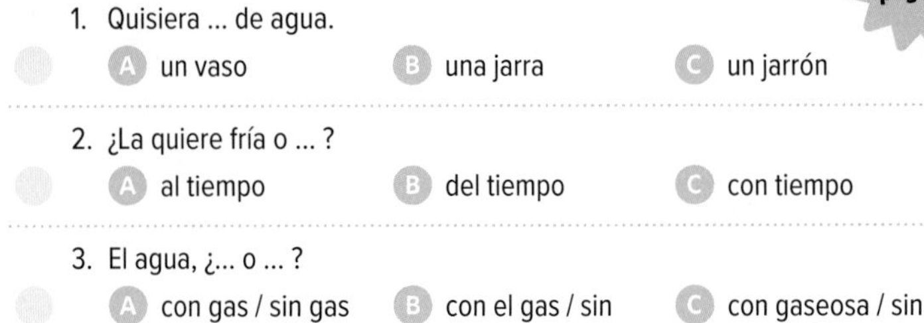

1. Quisiera ... de agua.
   (A) un vaso (B) una jarra (C) un jarrón

2. ¿La quiere fría o ... ?
   (A) al tiempo (B) del tiempo (C) con tiempo

3. El agua, ¿... o ... ?
   (A) con gas / sin gas (B) con el gas / sin el gas (C) con gaseosa / sin gaseosa

4 La carne, ... por favor.
- A a punto
- B al punto
- C del punto

5 ¿Qué ... tiene?
- A garnitura
- B guarnición
- C acompañamiento

6 De postre, una tarta ...
- A a la fresa.
- B de fresa.
- C a fresa.

7 ... aproveche.
- A Que
- B Vaya
- C Buen

Tema Les tapas

Si vous demandez les tapas suivantes, que va-t-on vous servir ?

Corrigé page 238

1. boquerones
   - A des anchois
   - B des boulettes de viande
2. albóndigas
   - A des boulettes de viande
   - B des beignets de morue
3. gambas con gabardina
   - A des crevettes bouillies
   - B des crevettes en beignet
4. patatas bravas
   - A des nuggets de pomme de terre
   - B des pommes de terre sauce piquante
5. ensaladilla
   - A une salade verte
   - B une salade russe
6. callos
   - A des tripes
   - B des cailles
7. pinchitos
   - A des supions
   - B des brochettes

Module 24
ESENCIALES

Tema Au restaurant

Dans quel ordre faut-il mettre ces répliques pour obtenir un dialogue cohérent ?

Corrigé page 238

1.

A. ¿A nombre de quién?

B He reservado una mesa para dos personas.

C Juan Córdoba

A C – B – A B A – C – B C B – A – C

2.

A ¿Dónde está el servicio, por favor?

B ¿Está buscando algo?

C La segunda puerta al fondo.

A A – B – C B B – C – A C B – A – C

3.

A De momento no hay, son quince minutos de espera.

B Lo siento, tenemos prisa.

C Queríamos una mesa fuera, al fresco.

A C – B – A B B – C – A C C – A – B

4.

A ¿Cómo quiere el chuletón?

B Ni demasiado crudo ni pasado.

C Término medio entonces.

A C – A – B B A – B – C C A – C – B

Tema Le gérondif : règles et usages

Introduisez dans chaque phrase la forme correcte du gérondif.

Corrigé page 238

1. ... la tele se pierde mucho tiempo.
   - A Veyendo
   - B Viendo
   - C Vendo

2. ... libros se aprenden más cosas.
   - A Leyendo
   - B Legendo
   - C Liendo

3. Te estoy ... ayuda.
   - A pediendo
   - B piedendo
   - C pidiendo

4. ... hacerlo, ¿por qué no lo haces?
   - A Puediendo
   - B Pudiendo
   - C Podiendo

5. ... no vas a conseguir nada.
   - A Durmiendo
   - B Duermiendo
   - C Dormiendo

Cochez la (ou les) bonne(s) construction(s) de ces phrases.

Corrigé page 238

1. Nous sommes en train de leur raconter nos vacances.
   - A Les estamos contando nuestras vacaciones.
   - B Estamos les contando nuestras vacaciones.
   - C Estamos contándoles nuestras vacaciones.

2. Il est en train de grossir.
   - A Está se poniendo gordo.
   - B Se está poniendo gordo.
   - C Está poniéndose gordo.

3. Je suis en train de te le dire.
   - A Te lo estoy diciendo.
   - B Estoy diciéndotelo.
   - C Te estoy lo diciendo.
   - D Estoy te lo diciendo.

4. Nous sommes en train de le leur rappeler.
   - A Estamos se lo recordando.
   - B Se lo estamos recordando.
   - C Estamos recordándoselo.
   - D Estamos se recordándolo.

Module 24
ESENCIALES

Tema L'accord de certains mots (article, déterminant, adjectif)

Faites le bon accord.

Corrigé page 238

1. Me sienta mal ... agua ...
   - A la / fría
   - B el / fría
   - C el / frío
   - D la / frío

2. ... aguas minerales no siempre son ....
   - A Los / buenos
   - B Las / buenas
   - C Los / buenas
   - D Las / buenos

3. No es ... ... agua que ... que tomé ayer.
   - A la misma / la
   - B el mismo / el
   - C el mismo / la
   - D la misma / el

4. Me gustan ... aves ...
   - A los / blancos
   - B los / blancas
   - C las / blancos
   - D las / blancas

5. Soy alérgico a ... aves.
   - A todas las
   - B todos los
   - C todas los
   - D todos las

6. ... ave es más ... que la ternera.
   - A La / tierna
   - B La / tierno
   - C El / tierna
   - D El / tierno

Tema Le futur

Complétez les phrases avec le verbe au futur.

Corrigé page 238

1. Siempre pido carne, pero hoy... pescado.
   - A pidiró
   - B pediré
   - C pediró
   - D pidiré

2. Son veganos y siempre lo ...
   - A serón.
   - B serán.
   - C erán.
   - D serén.

3. Si no vamos al restaurante hoy, ... otro día.
   A varemos B veremos C iremos D iramos

4. Si no estáis satisfechos, es que no lo ... nunca.
   A estaréis B estaráis C estarás D estarés

5. Si no duermes ahora, ... mañana.
   A duermirás B duermerás C dormerás D dormirás

6. Si no aprueba el carné este año, lo ... el que viene.
   A apruebierá B apruebará C aprobará D aproberá

Complétez les phrases avec une des deux formes verbales au futur proposées.

Corrigé page 238

1. ¿Crees que ... mucha gente?
   A habrá B hará

2. ¿Crees que ... tiempo para cenar?
   A habrá B hará

3. ¿Crees que ... buen tiempo?
   A habrá B hará

4. Mañana ... un año que estamos casados.
   A habrá B hará

5. Mi mujer nunca ... las lentejas como las hacía mi madre.
   A habrá B hará

6. Si llegamos tarde ... que esperar.
   A habrá B hará

7. Si llegamos tarde ... falta esperar.
   A habrá B hará

8. No ... falta que me ayudes, gracias.
   A habrá B hará

Module 24
ÚTILES

Verbes

aprovechar	*profiter.* **Que aproveche,** *Bon appétit* (on peut aussi dire **Buen provecho**).
sentar mal	*prendre mal (une remarque), ne pas bien digérer (un aliment).* Verbe à diphtongue.

La découpe des viandes

ala	*aile*
chuleta	*côtelette*
el chuletón	*la côte*
filete	*steack*
el muslo	*la cuisse*
la pechuga	*le blanc*
solomillo	*filet*

Viandes et charcuterie

buey	*bœuf* (en Espagne, viande de bovin âgé de plus de 4 ans)
cerdo	*porc*
chorizo	*chorizo*
conejo	*lapin*
cordero	*agneau*
los embutidos	*la charcuterie*
la morcilla	*le boudin*
salchicha	*saucisse*
la ternera	*le bœuf* (en Espagne, viande de bovin d'entre 8 et 12 mois)

La volaille

ave	*volaille*
codorniz	*caille*

gallina	*poule*
gallo	*coq*
pato	*canard*
el pavo	*la dinde*
pollo	*poulet*

Poissons et fruits de mer

almeja	*palourde*
atún	*thon*
el bacalao	*la morue*
cigala	*langoustine*
el lenguado	*la sole*
ostra	*huître*

Le service de l'eau

jarra	*carafe*. **El jarrón**, augmentatif, désigne *le vase*.
agua con gas	*eau gazeuse*
agua sin gas	*eau plate*
del tiempo	à *température ambiante*
frío/a	*froid/e*

Le service de la viande

al punto	*à point*. On dit aussi **término medio**.
crudo/a	*cru/e*
muy hecho/a	*bien cuit/e*
pasado/a	*trop cuit/e*
poco hecho/a	*saignant/e*
guarnición	*garniture*
acompañamiento	*accompagnement*

Module 24
CORRIGÉ

ESENCIALES

PAGE 229
Les viandes et leur découpe
1 B 2 A, C 3 A, C 4 B, C 5 A, B 6 A, B, C 7 A, C

Catégories d'aliments
1 D 2 A 3 A 4 C 5 B 6 A 7 D 8 B 9 C 10 C 11 D 12 B

PAGE 230
À table : quelques termes usuels
1 A, B 2 B 3 A 4 B 5 B, C 6 B 7 A

PAGE 231
Les tapas
1 A 2 A 3 B 4 B 5 B 6 A 7 B

PAGE 232
Au restaurant
1 C 2 C 3 C 4 B

PAGE 233
Le gérondif : règles et usages
1 B 2 A 3 C 4 B 5 A
1 A, C 2 B, C 3 A, B 4 B, C

PAGE 234
L'accord de certains mots (article, déterminant, adjectif)
1 B 2 B 3 A 4 D 5 A 6 C

Le futur
1 B 2 B 3 C 4 A 5 D 6 C
1 A 2 A 3 B 4 B 5 B 6 A 7 B 8 B

VOTRE SCORE :

Vous avez obtenu entre 0 et 12 ? ¡Ay, ay, ay!
Vous avez obtenu entre 13 et 25 ? Muy justito...
Vous avez obtenu entre 26 et 38 ? No está mal, pero...
Vous avez obtenu entre 39 et 51 ? Enhorabuena.
Vous avez obtenu 52 et plus ? ¡Eres un auténtico fenómeno!

Tema Les saisons

Dans ces phrases, complétez le nom de la saison.

Corrigé page 249

1. Las hojas de los árboles caen al suelo en oto...
   - A ...no. B ...ño. C ...na. D ...ña.

2. Voy a esquiar a Sierra Nevada en ...vierno.
   - A hi... B hin... C i... D in...

3. Siempre me pongo muy morena en ve...
   - A ...roño. B ...rano. C ...raño. D ...rono.

4. La naturaleza renace en ...vera.
   - A prima... B primo... C premi... D prema...

Quelle est la bonne traduction du mot « saison » dans ces phrases ?

Corrigé page 249

1. J'adore *Les quatre saisons* de Vivaldi.
   - A Me encantan *Las cuatro temporadas* de Vivaldi.
   - B Me encantan *Las cuatro estaciones* de Vivaldi.

2. Je ne mange que des fruits de saison.
   - A Solo como fruta de temporada.
   - B Solo como fruta de estación.

3. Cette saison on portera du jaune.
   - A Esta temporada se llevará el amarillo.
   - B Esta estación se llevará el amarillo.

4. La saison théâtrale commence en septembre.
   - A La temporada teatral comienza en septiembre.
   - B La estación teatral comienza en septiembre.

5. Il ne porte jamais des couleurs de saison.
   - A Nunca lleva colores de temporada.
   - B Nunca lleva colores de estación.

6. Les saisons sont inversées entre les deux hemisphères.
   - A Las temporadas están invertidas entre los dos hemisferios.
   - B Las estaciones están invertidas entre los dos hemisferios.

Tema Les habits : tailles et convenance

Complétez ces phrases avec le mot adéquat. Il peut y avoir plusieurs réponses correctes.

Corrigé page 249

1. ¿Qué talla ... usted?
   A usa B gasta C queda D hace
2. Este pantalón me queda un poco estrecho de...
   A hombros. B cintura. C cinturón. D codos.
3. Y esta chaqueta me queda larga de ...
   A hombros. B cintura. C mangas. D codos.
4. Si le queda ancho, hacemos ...
   A arreglos. B secciones. C regalos. D gangas.
5. Las minifaldas te ...
   A sientan bien. B quedan bien. C favorecen. D prueban.

Tema Rendre un article, parler du prix

Complétez ces phrases avec le verbe adéquat. Il peut y avoir plusieurs réponses correctes.

Corrigé page 249

1. Buenas, me han regalado esta falda y quiero ...
   A probármela. C devolverla.
   B cambiarla. D ponérmela.
2. Cambiamos los artículos pero no ... el dinero.
   A cambiamos C volvemos
   B devolvemos D regalamos

3. Si ha ... el tique, no aceptamos devoluciones.
   - A perdido
   - B tirado
   - C comprado
   - D cambiado

4. Está baratísimo, es una auténtica...
   - A ropa.
   - B falda.
   - C ganga.
   - D talla.

5. Es un poco caro, esperaré ...
   - A las rebajas.
   - B los rebajos.
   - C las soldas.
   - D los soldados.

Tema *Esperar* et *atender*

Choisissez le bon verbe dans chacune des phrases.

Corrigé page 249

1. ... a que haga frío para sacar el abrigo.
   - A Atenderé
   - B Esperaré

2. En esta tienda el personal ... muy bien al cliente.
   - A atiende
   - B espera

3. Buenos días, le ... Marta, ¿en qué puedo ayudarle?
   - A atiende
   - B espera

4. Cuando llegas el último, siempre hay que ...
   - A atender.
   - B esperar.

5. ..., llego enseguida.
   - A Atiéndeme
   - B Espérame

6. Estoy buscando al dependiente que me ... ayer.
   - A atendió
   - B esperó

Module 25
ESENCIALES

Tema La préposition *de* : emplois et omissions

Complétez ces phrases avec une des deux formules.

Corrigé page 249

1. Está prohibido ...
   - A fumar.
   - B de fumar.

2. Es difícil ... un buen regalo.
   - A elegir
   - B de elegir

3. Esta clienta es difícil ...
   - A satisfacer.
   - B de satisfacer.

4. Es imprescindible ... la ropa antes de comprarla.
   - A probarse
   - B de probarse

5. Me gusta la ropa sencilla y fácil ...
   - A conjuntar.
   - B de conjuntar.

6. Es un problema ... un 47 de pie.
   - A gastar
   - B de gastar

7. Cuesta caro ... la moda.
   - A seguir
   - B de seguir

8. Algunas modas son difíciles ...
   - A seguir.
   - B de seguir.

9. El amarillo es un color difícil ...
   - A llevar.
   - B de llevar.

10. Es difícil ... una prenda amarilla y que te siente bien.
    - A llevar
    - B de llevar

11. ¿Es posible ... tanto en ropa?
    - A gastar
    - B de gastar

12. Lo que quiere este cliente es ... entender.
    - A imposible
    - B imposible de

Tema La phrase négative

Pour chaque phrase, cochez la ou les constructions correctes.

1. Je ne mets jamais de mini-jupes.
   - A Nunca me pongo minifaldas.
   - B No me pongo nunca minifaldas.
   - C Nunca no me pongo minifaldas.
   - D Me pongo nunca minifaldas.

2. Le jaune ne sied à personne.
   - A A nadie no le sienta bien el amarillo.
   - B A nadie le sienta bien el amarillo.
   - C No le sienta bien a nadie el amarillo.
   - D Le sienta bien a nadie el amarillo.

3. Tu ne m'offres jamais rien.
   - A Nunca no me regalas nada.
   - B No me regalas nunca nada.
   - C Nada no me regalas nunca.
   - D Nunca me regalas nada.

4. Je n'aime pas non plus faire les magasins.
   - A Tampoco me gusta ir de tiendas.
   - B Tampoco no me gusta ir de tiendas.
   - C No me gusta tampoco ir de tiendas.
   - D Me gusta tampoco ir de tiendas.

5. Ils n'ont même pas de rayon hommes.
   - A No tienen ni siquiera sección de caballeros.
   - B Ni siquiera no tienen sección de caballeros.
   - C Tienen ni siquiera sección de caballeros.
   - D Ni siquiera tienen sección de caballeros.

6. Il ne sait même pas sa pointure.
   - A Ni sabe qué pie gasta.
   - B No sabe ni qué pie gasta.
   - C Sabe ni qué pie gasta.
   - D Ni no sabe qué pie gasta.

Tema La subordonnée conditionnelle : *con tal de que*

Transformez les phrases données : la principale sera exprimée au futur et la conditionnelle introduite par **con tal de que**.

Corrigé page 249

1. Te devuelvo el dinero si tienes el tique.
   - A Te devuelveré el dinero con tal de que tienas el tique.
   - B Te devolveré el dinero con tal de que tengas el tique.
   - C Te devolvré el dinero con tal de que tendrás el tique.
   - D Te devuelvaré el dinero con tal de que tiengas el tique.

2. Podemos comprar estos zapatos si nos haces un descuento.
   - A Poderemos comprar estos zapatos con tal de que nos hagues un descuento.
   - B Podramos comprar estos zapatos con tal de que nos hagas un descuento.
   - C Poderamos comprar estos zapatos con tal de que nos harás un descuento.
   - D Podremos comprar estos zapatos con tal de que nos hagas un descuento.

3. Este pantalón te queda bien si te pones un cinturón.
   - A Este pantalón te quedrá bien con tal de que te pongues un cinturón.
   - B Este pantalón te quedré bien con tal de que te ponias un cinturón.
   - C Este pantalón te quede bien con tal de que te pondrás un cinturón.
   - D Este pantalón te quedará bien con tal de que te pongas un cinturón.

4. Se ponen una corbata si vosotras os ponéis un vestido.
   - A Se podrán una corbata con tal de que vosotras os pongüéis un vestido.
   - B Se ponrán una corbata con tal de que vosotras os pondráis un vestido.
   - C Se pondrán una corbata con tal de que vosotras os pongáis un vestido.
   - D Se ponerán una corbata con tal de que vosotras os pondréis un vestido.

Tema La subordonnée concessive : *aunque*

Introduisez le bon couple de verbes : la principale sera exprimée au futur et la concessive au subjonctif.

Corrigé page 249

1. Aunque me lo ..., no lo ...
   - A regales / queré.
   - B regales / querré.
   - C regalas / querró.
   - D regalas / quereré.

2. Aunque ... rebajado, nunca ... bastante dinero para comprarlo.
   - A esté / tendréis
   - B esté / teneréis
   - C está / tendráis
   - D sea / teneráis

3. ... ir de tiendas con él, aunque no te ...
   - A Deberás / apetezca.
   - B Debrás / apetezca.
   - C deberás / apetezque.
   - D debrás / apetezque.

4. Siempre ... el amarillo, aunque les ... mal ese color.
   - A elegerán / sienta
   - B eligerán / siente
   - C eligirán / sienta
   - D elegirán / siente

5. No me ... esa falda, aunque me lo ...
   - A podré / pides.
   - B poneré / pidas.
   - C pondré / pidas.
   - D poderé / pides.

Module 25
ESENCIALES

Tema Un peu de traduction

Cochez la bonne traduction.

1. Le jaune est à la mode.
   - A El amarillo es de moda.
   - B El amarillo es a la moda.
   - C El amarillo está de moda.
   - D El amarillo está a la moda.

2. Cette chemise ne te va pas du tout.
   - A Esta camisa te queda fatal.
   - B Esta camisa te quedas fatal.
   - C Esta camisa se te quedas fatal.
   - D Esta camisa quedas fatal.

3. Entre la veste et le pull, je prends le pull.
   - A Entre la americana y el jersey, quedo el jersey.
   - B Entre la americana y el jersey, quedo con el jersey.
   - C Entre la americana y el jersey, me queda con el jersey.
   - D Entre la americana y el jersey, me quedo con el jersey.

4. Ces vêtements ne sont pas en bon état.
   - A Estas ropas no están en buen estado.
   - B Estos ropas no están en buen estado.
   - C Esta ropa no está en buen estado.
   - D Este ropa no está en buen estado.

Verbes ÚTILES

cambiar	*changer, échanger*
comenzar	*commencer.* Verbe à diphtongue.
conjuntar	*associer*

deber	*devoir*
esperar	*attendre*
esquiar	*skier*
favorecer	*favoriser, avantager*
gastar	*faire (en taille).* **¿Qué pie gasta?**, *Quelle pointure faites-vous ?*
probarse	*essayer (un habit).* V. à diphtongue.
quedar bien / mal	*aller bien / mal (un vêtement)*
quedarse con	*prendre, garder un objet*
renacer	*renaître*
satisfacer	*satisfaire*
tirar	*jeter*
usar	*faire (en taille)*

Locutions verbales

estar de moda	*être à la mode.*

Les saisons

estación	*saison* (quart d'une année)
temporada	*saison* (période de l'année)
la primavera	*le printemps*
verano	*été*
otoño	*automne*
invierno	*hiver*

Les habits

abrigo	*manteau*
la cintura	*le tour de taille*
el cinturón	*la ceinture*

Module 25
ÚTILES

codo	*coude*
corbata	*cravate*
el hombro	*l'épaule*
manga	*manche*
minifalda	*mini-jupe*
prenda	*pièce d'habillement*
talla	*taille*

Les achats

el arreglo	*la retouche*
la sección	*le rayon*
ganga	*bonne affaire*
artículo	*article*
tique	*ticket*
la devolución	*le remboursement*
el descuento	*la réduction*
las rebajas	*les soldes*

Adjectifs

ancho/a	*large*
difícil	*difficile*
estrecho/a	*étroit/e*
fácil	*facile*
imprescindible	*indispensable*
prohibido/a	*interdit/e*
rebajado/a	*soldé/e*
sencillo/a	*simple*

Module 25
CORRIGÉ

ESENCIALES

PAGE 239

Les saisons

1 B 2 D 3 B 4 A

1 B 2 A 3 A 4 A 5 A 6 B

PAGE 240

Les habits : tailles et convenance

1 A, B 2 A, B 3 C 4 A 5 A, B, C

Rendre un article, parler du prix

1 B C 2 B 3 A B 4 C 5 A

PAGE 241

Esperar et ***atender***

1 B 2 A 3 A 4 B 5 B 6 A

PAGE 242

La préposition ***de*** : emplois et omissions

1 A 2 A 3 B 4 A 5 B 6 A 7 A 8 B 9 B 10 A 11 A 12 B

PAGE 243

La phrase négative

1 A, B 2 B, C 3 B, D 4 A, C 5 A, D 6 A, B

PAGE 244

La subordonnée conditionnelle : ***con tal de que***

1 B 2 D 3 D 4 C

PAGE 245

La subordonnée concessive : ***aunque***

1 B 2 A 3 A 4 D 5 C

PAGE 246

Un peu de traduction

1 C 2 A 3 D 4 C

Vous avez obtenu entre 0 et 10 ? ¡Ay, ay, ay!

Vous avez obtenu entre 11 et 21 ? Muy justito...

Vous avez obtenu entre 22 et 32 ? No está mal, pero...

Vous avez obtenu entre 33 et 43 ? Enhorabuena.

Vous avez obtenu 44 et plus ? ¡Eres un auténtico fenómeno!

Module 26
ESENCIALES

Tema Tailles et poids

Exprimez en toutes lettres les tailles et poids.

Corrigé page 259

1. Mido 2 m y peso 100 k.
   - A dos metres / cientos kilos
   - B dos metras / ciento kilos
   - C dos metros / cien kilos

2. El colibrí mide entre 9 y 15 cm.
   - A nueve y quince centímetras
   - B nueve y quince centímetros
   - C nueve y quince centímetres

3. Pesa entre 5 y 8 g.
   - A cinco y ocho gramos
   - B cinco y ocho grames
   - C cinco y ocho gramas

4. Un elefante adulto puede pesar más de 7 T.
   - A siete toneladas
   - B siete tonelados
   - C siete tonelades

Corrigé page 259

Tema Fractions, décimales, pourcentages et proportions

Exprimez en toutes lettres les éléments chiffrés de ces phrases. Il peut y avoir plusieurs bonnes réponses.

1. Necesito 1,5 l de leche.
   - A una litra y media
   - B uno litro y medio
   - C un litro y medio

2. Quiero ¼ k de jamón.
   - A un cuarto de kilo
   - B una cuarta de kilo
   - C un cuarte de kilo

3. Dame ½ k de carne.
   - A un medio kilo
   - B medio un kilo
   - C medio kilo

4. El valor de pi es 3,14.
   - A tres coma catorce
   - B tres como catorce
   - C tres come catorce

5. Hay un 30% de abstenciones.
   - A treinta por cientas
   - B treinta por ciento
   - C treinta por cientos

6. ½ españoles nunca hace ejercicio.
   - A La mitad de los
   - B Uno de cada dos
   - C El medio de los

7. 1/5 españoles no come carne.
   - A La quinta parte de los
   - B Uno sobre los cinco
   - C Uno sobre cinco

8. 2/3 españoles prefieren el horario de verano.
   - A Las dos terceras partes de los
   - B Las dos tercias partes de los
   - C Dos de cada tres

Tema L'ordinateur

Quel est l'équivalent espagnol des termes suivants ? Il peut y avoir plusieurs réponses exactes.

1. ordinateur portable
   - A portable
   - B portátil
   - C móvil

2. recherche sur Internet
   - A búsqueda
   - B busca
   - C búsquedad

3. écran
   - A escritorio
   - B pantalla
   - C cargador

4. sans fil
   - A móvil
   - B portátil
   - C inalámbrico

5. clé USB
   - A lápiz
   - B pincho
   - C pen

6. souris
   - A rata
   - B ratón
   - C sonrisa

Corrigé page 259

Module 26
ESENCIALES

Complétez ces phrases en vous aidant des mots proposés (il peut y avoir plusieurs réponses exactes).

Corrigé page 259

1. No sé si comprarme un portátil o un ordenador de ...
   A escritorio. B sobremesa. C meseta.

2. La información está en el ... adjunto.
   A fichero B archivo C teclado

3. Tienes demasiados documentos abiertos, organízalos en ...
   A respaldos. B carpetas. C dorsales.

4. ... en este icono.
   A Pincha B Haz clic C Haz clac

5. Te mando un ... interesante.
   A lazo B enlace C vínculo

6. ¿Me das la ... de tu correo electrónico, cariño?
   A contraseña B señal C tecla

Introduisez dans chaque phrase la forme verbale qui convient. Il peut y avoir plusieurs bonnes réponses.

Corrigé page 259

1. Mi abuela tiene noventa años, pero ... perfectamente en Internet.
   A almacena B cuelga C descarga
   D enchufa E navega F se queda colgado

2. Este disco duro ... horas de música.
   A almacena B cuelga C descarga
   D enchufa E navega F se queda colgado

3. La batería es antigua y se ... enseguida.
   A almacena B cuelga C descarga
   D enchufa E navega F se queda colgado

4. ... el ordenador y deja que la batería cargue al 100%.
   - A Almacena
   - B Cuelga
   - C Descarga
   - D Enchufa
   - E Navega
   - F Se queda colgado

5. Mi ordenador tiene un virus y ... a cada rato.
   - A almacena
   - B cuelga
   - C descarga
   - D enchufa
   - E navega
   - F se queda colgado

6. Mi primo es un loco de cine: ... decenas de películas cada día.
   - A almacena
   - B cuelga
   - C descarga
   - D enchufa
   - E navega
   - F se queda colgado

Tema Le pronom relatif « où »

Comment rend-on le pronom relatif « où » dans ces phrases ? Les deux solutions peuvent être justes dans certains cas.

Corrigé page 259

1. Esta es la tienda ... he comprado mi ordenador.
   - A donde
   - B en que

2. No me acuerdo de la carpeta ... he metido la foto.
   - A donde
   - B en que

3. Hubo un tiempo ... nadie tenía ordenadores.
   - A donde
   - B en que

4. La casa ... nací existe todavía.
   - A donde
   - B en que

5. ¿Te acuerdas del día ... el hombre llegó a la Luna?
   - A donde
   - B en que

6. He borrado el archivo ... había apuntado esos datos.
   - A donde
   - B en que

7. Tu vida cambia a partir del momento ... tienes un ordenador.
   - A donde
   - B en que

8. Este será el siglo ... la tecnología cambió el mundo.
   - A donde
   - B en que

9. Enero es el mes ... la gente está más deprimida.
   - A donde
   - B en que

10. El único sitio ... descanso es en el campo, sin conexión.
   - A donde
   - B en que

Tema N'importe lequel, n'importe laquelle

Cochez la forme correcte pour chacune des phrases

Corrigé page 259

1. Arreglar un ordenador no lo puede hacer ...
   - A cualquier.
   - B cualquiera.

2. Si tienes ... duda, llámame.
   - A cualquier
   - B cualquiera

3. Para ... problema, puede llamar a la asistencia en línea.
   - A cualquier
   - B cualquiera

4. No pienso comprarlo a ... precio.
   - A cualquier
   - B cualquiera

5. No es un dispositivo ..., por eso es caro.
   - A cualquier
   - B cualquiera

6. No me importa el modelo: para lo que hago, ... me sirve.
   - A cualquier
   - B cualquiera

7. Sin un buen antivirus, ... día vas a tener problemas.
   - A cualquier
   - B cualquiera

8. No tengo preferencia: ... de los dos.
   - A cualquier
   - B cualquiera

Tema Futur simple et futur proche

Les phrases données sont au futur proche ; complétez l'amorce et exprimez-les au futur simple.

Corrigé page 259

1. Va a hacer frío hoy. Mañana ...
   A habrá frío. B hará frío. C hacerá frío.

2. ¿Vas a poder venir esta tarde? Pasado mañana, ...
   A ¿podrás venir? B ¿podrés venir? C ¿poderás venir ?

3. No te lo voy a decir ahora. La semana que viene ...
   A te lo diró. B te lo deciró. C te lo diré.

4. Enseguida van a venir. El jueves próximo ...
   A vendrán. B venerán. C viendrán.

5. Vamos a saberlo a las once. Pronto...
   A lo saberemos. B lo sabremos. C lo sabramos.

6. Os va a gustar. Un día ...
   A os gustaréis. B os gustará. C os gustaráis.

Tema La subordonnée au futur

Introduisez le couple de verbes manquant pour exprimer le futur, dans la principale et dans la subordonnée.

Corrigé page 259

1. Cuando ... rico, ... una tele de 98 pulgadas.
   A seré / compraré C seré / compre
   B sea / compre D sea / compraré

2. ¿Me ... llamar en cuanto ... en casa?
   A podáis / estéis C podáis / estaréis
   B podréis / estéis D podréis / estaréis

3. ... esa película el día en que ... tiempo.
   A Veremos / tendremos C Veremos / tengamos
   B Veamos / tendremos D Veamos / tengamos

4. Te ... moreno en cuanto ... unos días a la playa.
   - A pondrás / vayas
   - C pondrás / irás
   - B pongas / vayas
   - D pongas / irás

5. Cuando ... la verdad, no lo ...
   - A conocerán / creerán.
   - C conozcan / creerán.
   - B conocerán / crean.
   - D conozcan / crean.

6. El día en que ... a España, ... quedarse.
   - A irá / querrá
   - C irá / quiera
   - B vaya / quiera
   - D vaya / querrá

Quelle est la bonne traduction de ces phrases ?

Corrigé page 259

1. Je ne sais pas à quelle heure je sortirai.
   - A No sé a qué hora salga.
   - B No sé a qué hora saldré.

2. Faites ce que vous voudrez.
   - A Haced lo que queráis.
   - B Haced lo que querréis.

3. Dis-moi comment tu le feras.
   - A Dime cómo lo hagas.
   - B Dime cómo lo harás.

4. Je suis sûr qu'il ne te le dira pas.
   - A Estoy seguro de que no te lo diga.
   - B Estoy seguro de que no te lo dirá.

5. Je ne sais pas quand ce sera possible.
   - A No sé cuándo sea posible.
   - B No sé cuándo será posible.

6. Quand ce sera possible, je te le dirai.
   - A Cuando sea posible te lo diré.
   - B Cuando será posible te lo diré.

7. Je ferai ce que tu diras.
   - A Haré lo que digas.
   - B Haré lo que dirás.

8. Sors avec qui tu auras envie.
   - A Sal con quien te apetezca.
   - B Sal con quien te apetece.

Verbes

almacenar	*stocker*
cargar	*charger*
colgar	*accrocher*, *mettre en ligne*. **Quedarse colgado**, *planter* (pour l'ordinateur). V. à diphtongue.
descansar	*se reposer*
descargar	*décharger, télécharger*
enchufar	*brancher*
medir	*mesurer*. V. à affaiblissement.
navegar	*naviguer*, *surfer* (Internet)
pesar	*peser*
pinchar	*cliquer*. On dit aussi **hacer clic**.

L'informatique

archivo	*fichier*
batería	*batterie*
búsqueda	*recherche*
cargador	*chargeur*
la carpeta	*le dossier*
la contraseña	*le mot de passe*
el dato	*la donnée*
disco	*disque*
dispositivo	*dispositif*
enlace	*lien*
escritorio	*bureau* (meuble et « bureau » de l'ordinateur)
fichero	*fichier*
inalámbrico/a	*sans fil*

Module 26
ÚTILES

lápiz	*crayon à papier, clé USB*
ordenador	*ordinateur.* ~ **de escritorio** ou **de sobremesa,** ~ *de bureau*
la pantalla	*l'écran*
el pen	*la clé USB*
el pincho	*la clé USB*
portátil	*portable* (ordinateur)
el ratón	la *souris*
tecla	*touche*
teclado	*clavier*
vínculo	*lien*
virus	*virus*

Adverbes et locutions temporelles

a cada rato	*à tout instant*
el jueves próximo	*jeudi prochain*
la semana que viene	*la semaine prochaine*
mañana	*demain*
pasado mañana	*après-demain*
pronto	*bientôt*

Module 26
CORRIGÉ

ESENCIALES

PAGE 250

Tailles et poids

1 C 2 B 3 A 4 A

Fractions, décimales, pourcentages et proportions

1 C 2 A 3 C 4 A 5 B 6 A B 7 A 8 A, C

PAGE 251

L'ordinateur

1 B 2 A 3 B 4 C 5 A, B, C 6 B

1 A, B 2 A, B 3 B 4 A, B 5 B, C 6 A

1 E 2 A 3 C 4 D 5 F 6 A, B, C

PAGE 253

Le pronom relatif « où »

1 A, B 2 A, B 3 B 4 A, B 5 B 6 A, B 7 B 8 B 9 B 8 A, B

PAGE 254

N'importe lequel, n'importe laquelle

1 B 2 A 3 A 4 A 5 B 6 B 7 A 8 B

PAGE 255

Futur simple et futur proche

1 B 2 A 3 C 4 A 5 B 6 B

La subordonnée au futur

1 D 2 B 3 C 4 A 5 C 6 D

1 B 2 A 3 B 4 B 5 B 6 A 7 A 8 A

Vous avez obtenu entre 0 et 12 ? ¡Ay, ay, ay!

Vous avez obtenu entre 13 et 26 ? Muy justito...

Vous avez obtenu entre 27 et 40 ? No está mal, pero...

Vous avez obtenu entre 41 et 54 ? Enhorabuena.

Vous avez obtenu 55 et plus ? ¡Eres un auténtico fenómeno!

Module 27
ESENCIALES

Tema Voyager

Corrigé page 270

Cochez le bon équivalent espagnol de chaque mot ou locution.

1. Couloir ou fenêtre ?
   - A ¿Pasillo o ventanilla?
   - B ¿Pasilla o ventanillo?
   - C ¿Corredor o ventana?

2. un billet à bas coût
   - A un boleto a bajo costo
   - B un billete de bajo coste
   - C un tique de baja costa

3. la gare
   - A la estación
   - B la garra
   - C el estacionamiento

4. le co-voiturage
   - A la cococha
   - B el cocoche
   - C el coche compartido

5. aller-retour
   - A ida y vuelta
   - B ido y vuelto
   - C ido y venido

6. quai
   - A qué
   - B embarque
   - C andén

7. le tarif
   - A el tarifo
   - B la tarifa
   - C el tarife

8. le départ
   - A el puerto
   - B la salida
   - C el deporte

Tema En avion

Complétez ces phrases avec le terme adéquat (il peut y avoir plusieurs réponses exactes).

Corrigé page 270

1. Voy a facturar ...
   - A tripulación.
   - B equipaje.
   - C maletas.

2. Bienvenidos a bordo, les saludan el comandante y ...
   - A el equipaje.
   - B la tripulación.
   - C las azafatas.

3. Abróchense ...
   - A la cintura de seguro.
   - B el cinturón de seguridad.
   - C la cinta del seguro.

4. Apaguen los móviles durante ...
   - A el despegue.
   - B el descuelle.
   - C el embarque.

5. Permanezcan en sus ... durante el aterrizaje.
   - A sillas
   - B sillones
   - C asientos

6. Presenten el DNI y ...
   - A el mapa de embarcar.
   - B la carta de embarco.
   - C la tarjeta de embarque.

7. El vuelo tiene ...
   - A retraso.
   - B retardo.
   - C trasero.

8. ... el avión.
   - A He fracasado
   - B He perdido
   - C He roto

Tema Noms d'animaux et expressions familières

Quel est l'expression équivalente en espagnol ?

Corrigé page 270

1. être cinglé
   - A estar como un burro
   - B estar como una rana
   - C estar como una cabra

2. s'ennuyer à mourir
   - A aburrirse como una tortuga
   - B aburrirse como una ostra
   - C aburrirse como un caracol

3. avoir mauvais caractère
   - A tener malas pulgas
   - B tener malas moscas
   - C tener malos mosquitos

4. Il y a anguille sous roche.
   - A Hay loro encerrado.
   - B Hay caballo encerrado.
   - C Hay gato encerrado.

5. payer les pots cassés
   - A pagar el pato
   - C pagar el toro.
   - B pagar la vaca

6. cuver une cuite
   - A dormir la mona
   - C dormir la oveja
   - B dormir el zorro

7. faire d'une pierre deux coups
   - A matar dos elefantes de un tiro
   - C matar dos leones de un tiro
   - B matar dos pájaros de un tiro

8. l'âge ingrat
   - A la edad del oso
   - C la edad del pavo
   - B la edad de la mariposa

Tema *Por* et *para*

Complétez les phrases avec une des deux prépositions.

Corrigé page 270

1. Me gusta viajar ... la noche.
   - A para
   - B por

2. Quisiera un billete ... la semana que viene.
   - A para
   - B por

3. Quisiéramos dos billetes ... Madrid.
   - A para
   - B por

4. ... aprender idiomas, lo mejor es viajar.
   - A Para
   - B Por

5. Voy a vivir a Cádiz ... un año.
   - A para
   - B por

6. Los viajes son buenos ... la salud.
   - A para
   - B por

7. No tengo mucho dinero, ... eso viajo poco.
   (A) para   (B) por

8. Me gusta mirar ... la ventanilla del tren.
   (A) para   (B) por

9. ¿Hay descuentos ... jubilados?
   (A) para   (B) por

10. ... usted, ¿cuál es la ciudad española más agradable?
    (A) Para   (B) Por

11. Tengo un regalo ... ti.
    (A) para   (B) por

12. ... ir a Madrid, ¿... dónde pasas?
    (A) Para / para   (B) Por / para
    (C) Para / por   (D) Por / por

Tema Le pronom relatif

Complétez les phrases avec le pronom relatif qui convient. Il peut y avoir plusieurs solutions correctes.

Corrigé page 270

1. La persona con ... viajo.
   (A) la que   (B) quien   (C) que

2. Tengo unos primos ... siempre me invitan a España.
   (A) quien   (B) a quienes   (C) que

3. Hay gente ... no me gusta como compañera de viaje.
   (A) la que   (B) quienes   (C) que

4. Hay personas ... no se me ocurre invitar.
   (A) que   (B) a quienes   (C) a las que

5. Viajar sin prisa: eso es ... que hay que hacer.
   (A) que   (B) lo que   (C) la que

6. ¿Conoces a aquel hombre ... lleva una maleta?
   A al que   B que   C quien

7. ¿Es suyo el perro ... está corriendo por el pasillo?
   A quien   B que   C el que

8. He conocido a esas chicas ... siempre me hablas.
   A que   B de las que   C de quienes

Introduisez le pronom relatif proposé dans la phrase qui convient.

Corrigé page 270

1. con el que
   A Este es el viaje ... sueño.
   B Esta es la maleta ... viajo.
   C Este es el medio de transporte ... prefiero.

2. en quien
   A El coche ... estás pensando es demasiado caro.
   B El trayecto ... estás pensando no es el mejor.
   C La chica ... estás pensando no te conviene.

3. a la que
   A Es la última vez ... te lo digo.
   B Es la última persona ... quiero ver.
   C Es la última cosa ... me apetece comer.

4. de quienes
   A Hay cosas ... no me acuerdo.
   B Hay amigos ... no me acuerdo nunca.
   C Hay amigas ... no recuerdo.

5. por las que
   A Hay calles ... no se me ocurre pasar.
   B Hay países ... no tengo ganas de visitar.
   C Hay ropa ... no me gusta llevar.

6. para los que
   - A Hay ideas ... no soy partidario.
   - B Tienes problemas ... no existe solución.
   - C Hay sitios ... no viajaré nunca.

Tema L'expression du souhait

Exprimez un souhait au moyen de ***ojalá****, à partir des éléments fournis.*

1. vosotros / perder el tren
   - A Ojalá no pierdáis el tren.
   - B Ojalá no perdéis el tren.
   - C Ojalá no perdáis el tren.

2. yo / jubilarse
   - A Ojalá me jubile pronto.
   - B Ojalá me jubila pronto.
   - C Ojalá me jubilo pronto

3. nosotros / dar la vuelta al mundo
   - A Ojalá demos la vuelta al mundo un día.
   - B Ojalá doyemos la vuelta al mundo un día.
   - C Ojalá daramos la vuelta al mundo un día.

4. los billetes / costar caro
   - A Ojalá no costen caro los billetes.
   - B Ojalá no cuestan caro los billetes.
   - C Ojalá no cuesten caro los billetes.

5. tú / saber la verdad
   - A Ojalá no sabas nunca la verdad.
   - B Ojalá no sepas nunca la verdad.
   - C Ojalá no seas nunca la verdad.

6. hacer buen tiempo
   - A Ojalá haya buen tiempo.
   - B Ojalá haga buen tiempo.
   - C Ojalá haiga buen tiempo.

Tema Le conditionnel

Corrigé page 270

Reformulez les phrases données avec un conditionnel de politesse.

1. ¿Por cuánto sale el viaje?
   - A ¿Por cuánto saldrá el viaje?
   - B ¿Por cuánto salía el viaje?
   - C ¿Por cuánto saldría el viaje?

2. ¿Vais con él al cine?
   - A ¿Iríais con él al cine?
   - B ¿Irías con él al cine?
   - C ¿Ibais con él al cine?

3. ¿Ves algún problema?
   - A ¿Verías algún problema?
   - B ¿Verás algún problema?
   - C ¿Veriáis algún problema?

4. ¿Hay billetes?
   - A ¿Habría billetes?
   - B ¿Haya billetes?
   - C ¿Haría billetes?

5. ¿Me hacéis un favor?
   - A ¿Me hacíais un favor?
   - B ¿Me habríais un favor?
   - C ¿Me haríais un favor?

6. ¿Me pides una cerveza?
   - A ¿Me pedirás una cerveza?
   - B ¿Me pedirías una cerveza?
   - C ¿Me pidirías una cerveza?

Tema La subordonnée de temps : conjonctions et concordance

Complétez les subordonnées en faisant la bonne concordance des temps.

Corrigé page 270

1. En cuanto ..., iba a España.
   - A podía
   - B pude
   - C pueda
   - D puedo

2. En cuanto ..., viviré en España.
   - A podía
   - B pude
   - C pueda
   - D puedo

3. En cuanto ..., compré un billete para España.
   - A podía
   - B pude
   - C pueda
   - D puedo

4. En cuanto ..., viajo a España.
   - A podía
   - B pude
   - C pueda
   - D puedo

Cochez la principale en faisant la bonne concordance des temps. Il peut y avoir plusieurs bonnes réponses.

Corrigé page 270

1. Mientras no tienes la tarjeta de embarque,
   - A ... no estarás tranquilo.
   - B ... no estás tranquilo.
   - C ... no estuviste tranquilo.
   - D ... no estabas tranquilo.

2. Mientras viajabas...,
   - A ... yo me quedaría en casa.
   - B ... yo me quedaba en casa.
   - C ... yo me quedaré en casa.
   - D ... yo me quedo en casa.

3. Mientras estuvisteis de viaje,
   - A ... no nos movimos de aquí.
   - B ... no nos movemos de aquí.
   - C ... no nos moveremos de aquí.
   - D ... no nos moveríamos de aquí.

4. Mientras seáis jóvenes,
   - A ... viajad.
   - B ... viajabais.
   - C ... viajaréis.
   - D ... viajasteis.

5. Mientras tengáis dinero,
   - A ... disfrutasteis de la vida.
   - B ... disfrutabais de la vida.
   - C ... disfrutais de la vida.
   - D ... disfrutaréis de la vida.

Module 27
ÚTILES

Verbes

abrochar	*boucler, boutonner*
aburrirse	*s'ennuyer*
apagar	*éteindre*
correr	*courir*
disfrutar	*profiter*
encerrar	*enfermer.* V. à diphtongue.
facturar	*enregistrer (bagages)*
fracasar	*échouer*
jubilarse	*prendre la retraite*
matar	*tuer*
perder	*rater* (*train, avion).* V. à diphtongue.
permanecer	*rester*
viajar	*voyager*

Locutions verbales

dar la vuelta a	*faire le tour de*
salir por	*revenir à (prix)*
soñar con	*rêver à.* V. à diphtongue.

Noms d'animaux

burro	*âne*
caballo	*cheval*
cabra	*chèvre*
caracol	*escargot*
elefante	*éléphant*
gato	*chat*
león	*lion*

loro	*perroquet*
la mariposa	*le papillon*
mono/a	*singe, guenon*
mosca	*mouche*
mosquito	*moustique*
oso	*ours*
oveja	*brebis*
pájaro	*oiseau*
pavo	*dindon*
pulga	*puce*
rana	*grenouille*
tortuga	*tortue*
zorro	*renard*

Voyages et transports

asiento	*siège*
azafata	*hôtesse*
el cinturón de seguridad	*la ceinture de sécurité*
despegue	*décollage*
embarque	*embarquement*
el equipaje	*les bagages*
tarjeta de embarque	*carte d'embarquement*
maleta	*valise*
retraso	*retard*
trayecto	*trajet*
la tripulación	*l'équipage*
viaje	*voyage*

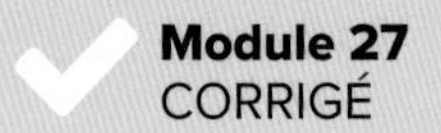

Module 27
CORRIGÉ

ESENCIALES

PAGE 260

Voyager

1 A 2 B 3 A 4 C 5 A 6 C 7 B 8 B

En avion

1 B, C 2 B, C 3 B 4 A 5 C 6 C 7 A 8 B

PAGE 261

Noms d'animaux et expressions familières

1 C 2 B 3 A 4 C 5 A 6 A 7 B 8 C

PAGE 262

Por **et** ***para***

1 B 2 A 3 A 4 A 5 B 6 A 7 B 8 B 9 A 10 A 11 A 12 C

PAGE 263

Le pronom relatif

1 A, B 2 C 3 C 4 A, B, C 5 B 6 B 7 B 8 B, C

1 A 2 C 3 B 4 B 5 A 6 B

PAGE 265

L'expression du souhait

1 C 2 A 3 A 4 C 5 B 6 B

Page 266

Le conditionnel

1 C 2 A 3 A 4 A 5 C 6 B

Page 267

La subordonnée de temps : conjonctions et concordance

1 A 2 C 3 B 4 D

1 B 2 B 3 A 4 A C 5 D

VOTRE SCORE :

Vous avez obtenu entre 0 et 14 ? **¡Ay, ay, ay!**

Vous avez obtenu entre 15 et 28 ? **Muy justito...**

Vous avez obtenu entre 29 et 42 ? **No está mal, pero...**

Vous avez obtenu entre 43 et 56 ? **Enhorabuena.**

Vous avez obtenu 57 et plus ? **¡Eres un auténtico fenómeno!**

Tema À l'hôtel : pannes et plaintes

Complétez la fin du mot-clé dans chaque phrase.

Corrigé page 279

1. El col... es demasiado blando.
   - A ... dón
   - B ... chón
   - C ... fo
   - D ... jo
   - E ... nado

2. El almoha ... no tiene funda.
   - A ... dón
   - B ... chón
   - C ... fo
   - D ... jo
   - E ... nado

3. El aire acondicio... no funciona.
   - A ... dón
   - B ... chón
   - C ... fo
   - D ... jo
   - E ... nado

4. El gri... gotea.
   - A ... dón
   - B ... chón
   - C ... fo
   - D ... jo
   - E ... nado

5. El espe... está roto.
   - A ... dón
   - B ... chón
   - C ... fo
   - D ... jo
   - E ... nado

Complétez le début du mot-clé dans chaque phrase.

Corrigé page 279

1. Las ...tas están agujereadas.
   - A sá...
   - B man...
   - C fun...
   - D bom...
   - E cale...

2. Las ...billas están fundidas.
   - A sá...
   - B man...
   - C fun...
   - D bom...
   - E cale...

3. La ...facción está averiada.
   - A sá...
   - B man...
   - C fun...
   - D bom...
   - E cale...

4. Las ...banas están gastadas.
   - A sá...
   - B man...
   - C fun...
   - D bom...
   - E cale...

5. Las ...das están sucias.
   - A sá...
   - B man...
   - C fun...
   - D bom...
   - E cale...

Tema Donner un avis

Corrigé page 279

Introduisez la formule correcte en début de phrase.

1. ..., este hotel es malísimo.
   - A A mi opinión
   - B Por mi opinión
   - C En mi opinión

2. ..., el precio es demasiado alto.
   - A Según yo
   - B Según me
   - C Según mí

3. ... las valoraciones son bastante negativas.
   - A Tengo la sensación que
   - B Tengo la sensación de que
   - C Tengo la sensación en que

4. ... que hay poca clientela.
   - A Me parece
   - B Parezco
   - C Me parezco

5. ..., deberían cambiar la decoración.
   - A En mi juicio
   - B Por mi juicio
   - C A mi juicio

6. ..., las habitaciones son incómodas.
   - A A mi punto de vista
   - B En mi punto de vista
   - C Desde mi punto de vista

Tema Exprimer le temps (repère et fréquence)

Corrigé page 279

Quelle est la bonne traduction ?

1. Je voudrais une chambre pour jeudi prochain.
   - A Quisiera una habitación para el jueves próximo.
   - B Quisiera una habitación para los jueves próximos.

2. Est-ce que la réception est ouverte le samedi?
   - A ¿Está abierta la recepción los sábados?
   - B ¿Está abierta la recepción el sábado?

3. Le mardi je vais à la piscine.
   - A El martes voy a la piscina.
   - B Los martes voy a la piscina.

4. Aujourd'hui, c'est mardi 4.
   - A Hoy es martes 4.
   - B Hoy es los martes 4.

5. Je quitterai la chambre lundi.
   - A Dejaré la habitación el lunes.
   - B Dejaré la habitación los lunes.

6. J'arriverai mercredi.
   - A Llegaré el miércoles.
   - B Llegaré los miércoles.

Tema Exprimer le doute

Corrigé page 279

Les phrases données expriment un doute ; comment peut-on le reformuler ?

1. Tal vez haya habitaciones con vistas al mar, pero las nuestras no las tienen.
   - A Hará habitaciones con vistas al mar, pero las nuestras no las tienen.
   - B Habrá habitaciones con vistas al mar, pero las nuestras no las tienen.

2. A lo mejor sale un poco caro, pero merece la pena.
   - A Saldré un poco caro, pero merece la pena.
   - B Saldrá un poco caro, pero merece la pena.

3. Quizás muchos se quejen sin razón, pero no me fío de ese hotel.
   - A Muchos se quejarán sin razón, pero no me fío de ese hotel.
   - B Muchos se querrán sin razón, pero no me fío de ese hotel.

4. Puede que vosotros le veáis ventajas, pero a mí no me convence.
   - A Vosotros le vayáis ventajas, pero a mí no me convence.
   - B Vosotros le veréis ventajas, pero a mí no me convence.

5. Tal vez no haya hecho nada malo, pero todos lo critican.
   - A No habrá hecho nada malo, pero todos lo critican.
   - B No hará hecho nada malo, pero todos lo critican.

6. A lo mejor dan buenos desayunos, pero los cuartos están sucios.
   - A Dirán buenos desayunos, pero los cuartos están sucios.
   - B Darán buenos desayunos, pero los cuartos están sucios.

Tema La forme passive

Corrigé page 279

Exprimez ces phrases à la forme passive.

1. Los clientes han valorado negativamente estos establecimientos.
   - A Estos establecimientos han habidos valorados negativamente por los clientes.
   - B Estos establecimientos han sido valorados negativamente por los clientes.

2. El hotel no acepta pagos en efectivo.
   - A Los pagos en efectivo no han aceptados por el hotel.
   - B Los pagos en efectivo no son aceptados por el hotel.

3. Los usuarios eligieron este hotel mejor establecimiento del año.
   - A Este hotel fue elegido por los usuarios mejor establecimiento del año.
   - B Este hotel estuvo eligido por los usuarios mejor establecimiento del año.

4. Cientos de usuarios verán estas valoraciones.
   - A Estas valoraciones serán vistas por cientos de usuarios.
   - B Estas valoraciones sean vidas por cientos de usuarios.

5. Clientes insatisfechos escribían la mayor parte de los comentarios.
   - A La mayor parte de los comentarios eran escritos por clientes insatisfechos.
   - B La mayor parte de los comentarios estaban escriptos por clientes insatisfechos.

En général, l'espagnol préfère la voix active, plus simple, aux constructions passives. Voici par exemple des phrases passives, correctes grammaticalement, mais peu naturelles en espagnol. Exprimez-les à la forme active.

1. No creo que los grifos sean rotos por los clientes.
   - A No creo que los clientes rompan los grifos.
   - B No creo que los clientes rompen los grifos.

2. Los clientes son satisfechos por el servicio.
   - A El servicio satisface a los clientes.
   - B El servicio satisfecha a los clientes.

3. Esta foto fue hecha por un cliente.
   - A Un cliente hizo esta foto.
   - B Un cliente hice esta foto.

4. En caso de robo, una denuncia sería puesta por las víctimas.
   - A En caso de robo, las víctimas podrían una denuncia.
   - B En caso de robo, las víctimas pondrían una denuncia.

5. Si hay un problema, el dinero le será devuelto por el hotel.
   - A Si hay un problema, el hotel le devolverá el dinero.
   - B Si hay un problema, el hotel le devuelverá el dinero.

Tema Récapitulatif : les marqueurs temporels

Corrigé page 279

Quelle est la forme verbale en accord avec le sens de la phrase ?

1. La piscina ... abierta pasado mañana.
   - A estuvo
   - B estará

2. ¿... ustedes una habitación para la semana que viene?
   - A Tendrían
   - B Tuvieron

3. Anteayer ... habitaciones exteriores, pero ya no hay.
   - A había
   - B habrá

4. Anoche ... demasiado calor en la habitación.
   - A tendremos
   - B tuvimos

5. ... saber si tienen habitaciones con cama supletoria para mañana.
   A Quise B Quisiera

Quel est le marqueur temporel en accord avec le sens de la phrase ?

Corrigé page 279

1. ... hizo mucho frío en nuestro cuarto.
   A Anteanoche B El lunes próximo

2. ... nos dijeron que la primera planta era muy ruidosa.
   A Dentro de una hora B Ayer

3. ... nos quejaremos del servicio.
   A Mañana B La semana pasada

4. ... reservaré en otro hotel.
   A La última vez B La próxima vez

5. ... un cliente se ahogó en la piscina.
   A Dentro de poco B Hace un tiempo

Tema Conjugaison : le verbe *oler*, sentir

*Complétez ces phrases en conjuguant le verbe **oler** au temps indiqué.*

Corrigé page 279

1. Yo no ... nada, ¿y tú? (présent indicatif)
   A olo B uelo C huelo D uhelo

2. ¿No ... a quemado? (présent indicatif)
   A oléis B holéis C ueléis D ueléis

3. En aquel hotel ... a basura. (imparfait indicatif)
   A olía B olaba C holía D huelía

4. Con la barbacoa, las manos me ... a sardina todo el día. (passé simple)
   A holieron B olieron C uelieron D huelieron

5. Si no os ducháis después del deporte, ... mal. (futur)
   A oleréis B holeréis C hueleréis D ueleréis

6. Con un poco de colonia, ... mejor. (conditionnel)
   A holeríamos B ueleríamos C hueleríamos D oleríamos

7. Quiero que ... este queso. (présent subjonctif)
   A olas B huelas C holas D uelas

Verbes ÚTILES

ahogarse	*se noyer*
cerrar	*fermer.* V. à diphtongue.
criticar	*critiquer*
fiarse	*faire confiance*
funcionar	*fonctionner*
gotear	*fuir, goutter (pour une fuite d'eau)*
merecer	*mériter*
oler	*sentir (odeur)*
quejarse	*se plaindre*
satisfacer	*satisfaire*
valorar	*évaluer*

À l'hôtel : l'équipement, la chambre

el aire acondicionado	*la climatisation*
almohadón	*oreiller*
basura	*poubelle*
bombilla	*ampoule*
la calefacción	*le chauffage*
la cama supletoria	*le lit d'appoint*
colchón	*matelas*
decoración	*décoration*
espejo	*miroir*

Module 28
ÚTILES

exterior	*sur rue*
funda	*taie*
grifo	*robinet*
habitación	*chambre*
interior	*sur cour*
manta	*couverture*
la planta	*l'étage*
la sábana	*le drap*
con vistas a	*avec vue sur*

À l'hôtel : pannes et plaintes

agujereado/a	*troué/e*
averiado/a	*en panne*
blando/a	*mou, molle*
el calor	*la chaleur*. **Hace calor**, *Il fait chaud.*
fundido/a	*grillé/e (une ampoule)*
gastado/a	*usé/e*
incómodo/a	*inconfortable*
frío/a	*froid/e*. **Hace frío**, *Il fait froid.*
sucio/a	*sale*
usuario/a	*usager, -ère*
la ventaja	*l'avantage*

Module 28
CORRIGÉ

ESENCIALES

PAGE 271
À l'hôtel : pannes et plaintes
1 B 2 A 3 E 4 C 5 D
1 B 2 D 3 E 4 A 5 C

PAGE 272
Donner un avis
1 C 2 A 3 B 4 A 5 C 6 C

Exprimer le temps (repère et fréquence)
1 A 2 A 3 B 4 A 5 A 6 A

PAGE 273
Exprimer le doute
1 B 2 B 3 A 4 B 5 A 6 B

PAGE 274
La forme passive
1 B 2 B 3 A 4 A 5 A
1 A 2 A 3 A 4 B 5 A

PAGE 275
Récapitulatif : les marqueurs temporels
1 B 2 A 3 A 4 B 5 B
1 A 2 B 3 A 4 B 5 B

PAGE 276
Conjugaison : le verbe ***oler***, *sentir*
1 C 2 A 3 A 4 B 5 A 6 D 7 B

VOTRE SCORE :

Vous avez obtenu entre 0 et 10 ? ¡Ay, ay, ay!
Vous avez obtenu entre 11 et 21 ? Muy justito…
Vous avez obtenu entre 22 et 32 ? No está mal, pero…
Vous avez obtenu entre 33 et 43 ? Enhorabuena.
Vous avez obtenu 44 et plus ? ¡Eres un auténtico fenómeno!

Module 29
ESENCIALES

Tema Adjectif et substantif

Dites quel est le substantif correspondant aux adjectifs proposés.

Corrigé page 289

1. tonto
   A tontedad — B tontería — C tonteza
2. solo
   A solitud — B soledad — C solera
3. alegre
   A alegreza — B alegridad — C alegría
4. aburrido
   A aburrición — B aburrimiento — C aburridad
5. viejo
   A viejera — B viejedad — C vejez
6. joven
   A jovineza — B juventud — C jovenez
7. lento
   A lentitud — B lentera — C lentedad
8. rápido
   A rapidez — B rapidad — C rapididad
9. enfermo
   A enfermitud — B enfermidad — C enfermedad
10. bueno
    A buendad — B bondad — C buenitud
11. sucio
    A sucieza — B suciera — C suciedad
12. nervioso
    A nerviosidad — B nerviosismo — C nervositud

Tema Faux amis

Cochez celui des trois mots qui convient au sens de la phrase.

Corrigé page 289

1. Los actores se suben ...
   A a la escena. B al escenario. C al guion.
2. Si compramos entradas de primera fila, estaremos más cerca ...
   A de la escena. B del escenario. C del guion.
3. Me ha gustado ... de esta película, pero los actores eran muy malos.
   A la escena B el escenario C el guion
4. ... final de la obra me ha encantado.
   A La escena B El escenario C El guion
5. La serie no está mal, pero sobran ...
   A algunas escenas. B algunos escenarios. C algunos guiones.
6. ... de la peli no es muy original: están la mujer, el marido y el amante.
   A La escena B El escenario C El guion
7. La puesta en ... de la obra era divertida.
   A escena B escenario C guion
8. Es una obra de teatro espectacular: hay decenas de actores en ...
   A la escena. B el escenario. C el guion.

Tema Au spectacle

Complétez chaque phrase avec un des mots proposés. Il peut y avoir plusieurs réponses correctes.

Corrigé page 289

1. Quisiera dos ... para la ópera Carmen.
   A tiques B entradas C plazas
2. Quedan localidades en ...
   A el patio de butacas. B los sillones de orquesta. C las sillas de plata.

3. La primera representación de una obra de teatro se llama ...
   - A la prima.
   - B el estreno.
   - C la entrada.

4. Me han invitado a asistir a ... de la obra.
   - A las repeticiones
   - B las pruebas
   - C los ensayos

5. Pedro Almodóvar es a la vez ... y ...
   - A realizador / escenarista.
   - B director / guionista.
   - C director / escenarista.

6. El actor es guapo, pero su ... es malísima.
   - A actuación
   - B juego
   - C interpretación

7. ¿Compramos ... de maíz para la peli?
   - A palomitos
   - B palomitas
   - C palomas

8. ¡Esta película es malísima, un verdadero ...!
   - A nabo
   - B puerro
   - C rollo

Tema Exprimer des ressentis physiques

Identifiez quel est le ressenti le plus probable en jeu dans chaque phrase et complétez-la.

Corrigé page 289

1. Soy vegano. Cuando veo a gente que come carne, me da ...
   - A asco.
   - B calor.
   - C frío.
   - D hambre.
   - E sed.
   - F sueño.

2. Cuando la película es mala y larga, me da ...
   - A asco.
   - B calor.
   - C frío.
   - D hambre.
   - E sed.
   - F sueño.

3. Cuando veo una bolsa de patatas fritas, me da ...
   - A asco.
   - B calor.
   - C frío.
   - D hambre.
   - E sed.
   - F sueño.

4. En verano, cuando veo una cerveza fresquita, me da ...
   - A asco.
   - B calor.
   - C frío.
   - D hambre.
   - E sed.
   - F sueño.

5. Este jersey es demasiado gordo. Me da ...
   - A asco.
   - B calor.
   - C frío.
   - D hambre.
   - E sed.
   - F sueño.

6. Cuando te veo con camisa de manga corta en invierno, me da ...
   - A asco.
   - B calor.
   - C frío.
   - D hambre.
   - E sed.
   - F sueño.

Tema Exprimer des ressentis psychologiques

Identifiez quel est le ressenti le plus probable dans chaque phrase et complétez-la.

Corrigé page 289

1. Estoy furiosa contigo, me da ... tu egoísmo.
   - A gusto
   - B lástima
   - C miedo
   - D pereza
   - E rabia
   - F vergüenza

2. Soy muy tímido, me da ... hablar en público.
   - A gusto
   - B lástima
   - C miedo
   - D pereza
   - E rabia
   - F vergüenza

3. Estoy contento de verte. Me da ... saludarte.
   - A gusto
   - B lástima
   - C miedo
   - D pereza
   - E rabia
   - F vergüenza

4. Estoy muy cansado. Me da ... salir ahora.
   - A gusto
   - B lástima
   - C miedo
   - D pereza
   - E rabia
   - F vergüenza

5. Me gustan los animales y me da ... verlos encerrados en un zoológico.
   - A gusto
   - B lástima
   - C miedo
   - D pereza
   - E rabia
   - F vergüenza

6. Me da ... el cine de terror.
   - A gusto
   - B lástima
   - C miedo
   - D pereza
   - E rabia
   - F vergüenza

Module 29
ESENCIALES

Tema Constructions de la tournure *Dar* + expression d'un ressenti

Donnez la bonne traduction des phrases suivantes.

Corrigé page 289

1. Ça m'a dégoûté de le voir manger avec les doigts.
   - A Me dio asco verlo comer con los dedos.
   - B Me dó asco de verlo comer con los dedos.
2. Vous me faites honte.
   - A Os doy vergüenza.
   - B Me dais vergüenza.
3. Les films trop longs leur donnaient sommeil.
   - A Las películas demasiado largas les dabían sueño.
   - B Las películas demasiado largas les daban sueño.
4. Ça nous ferait de la peine de ne pas voir cette exposition.
   - A Nos daría lástima no ver esa exposición.
   - B Nos daríamos lástima no ver esa exposición.
5. Les glaces leur donnent froid.
   - A Le dan frío los helados.
   - B Les dan frío los helados.
6. Je ne crois pas que ces histoires te fassent peur.
   - A No creo que te den miedo estas historias.
   - B No creo que te des miedo estas historias.

Tema La concordance des temps

Que devient le verbe de la subordonnée si on réécrit la phrase au passé ?

Corrigé page 289

1. Sabes que no me gusta el teatro, ¿verdad?
   - A Sabías que no me gustaba el teatro, ¿verdad?
   - B Sabías que no me gustaría el teatro, ¿verdad?

2. Estoy segura de que esta peli es un rollo.
   - A Estaba segura de que esta peli será un rollo.
   - B Estaba segura de que esta peli era un rollo.

3. Piensa que su obra emocionará al público.
   - A Pensó que su obra emocionaba al público.
   - B Pensó que su obra emocionaría al público.

4. Creo que habrá entradas para el estreno.
   - A Creía que habría entradas para el estreno.
   - B Creía que haya entradas para el estreno.

5. Sé lo que me vas a decir.
   - A Sabía lo que me vayas a decir.
   - B Sabía lo que me ibas a decir.

6. Estamos convencidos de que vendréis.
   - A Estábamos convencidos de que veníais.
   - B Estábamos convencidos de que vendríais.

Introduisez dans la phrase la forme verbale correcte. Plusieurs réponses possibles.

Corrigé page 289

1. Quería que ... conmigo al concierto.
   - A vengan
   - B vinieran
   - C viniesen

2. Le pedí al vecino que ...
   - A se callara.
   - B se callará.
   - C se callaría.

3. Se calló él solo. No hizo falta que se lo ...
   - A pediésemos.
   - B pidiésemos.
   - C pidáramos.

4. Me gustaría que ... más por el teatro de vanguardia.
   - A os interesarais
   - B os interesaríais
   - C os interesaréis

5. No vine para que me ... el coco con tus rollos.
   A comerás   B comieras   C comieses

6. Mi novia tenía ganas de que yo ... a sus padres.
   A conozciera   B conozcara   C conociera

Transposez ces phrases au passé en complétant l'amorce fournie.

1. Le digo que lo llamaré cuando deje de comerme el coco. / Le dije que lo ...
   A ... llamara cuando dejaría de comerme el coco.
   B ... llamaría cuando dejara de comerme el coco.

Corrigé page 28

2. Nos recomiendan que veamos esta peli el día que tengamos tiempo. / Nos recomendaron que...
   A ... veríamos esta peli el día que tendríamos tiempo.
   B ... viéramos esta peli el día que tuviéramos tiempo.

3. Te pido que vayas con él al cine aunque no te apetezca. / Te pedí que ...
   A ... fueras con él al cine aunque no te apeteciera.
   B ... irías con él al cine aunque no te apetecería.

4. Sé que me diréis que no antes de que empiece a hablar. / Sabía que me ...
   A ... diríais que no antes de que empezara a hablar.
   B ... dijerais que no antes de que empezaría a hablar.

5. Me promete que lo hará en cuanto pueda. / Me prometió que lo ...
   A ... haría en cuanto pudiese.
   B ... hiciera en cuanto podría.

6. Dicen que seguirán viajando mientras sean jóvenes. / Decían que ...
   A ... seguirían viajando mientras fueran jóvenes.
   B ... siguieran viajando mientras fuesen jóvenes.

Tema L'irréel du présent

Quelle est la bonne traduction de ces phrases ?

Corrigé page 289

1. Si tu voulais, nous pourrions aller au cinéma.
   - A Si quisieras, podríamos ir al cine.
   - B Si quisieses, podamos ir al cine.

2. Si nous allions au cinéma, tu m'achèterais du pop-corn ?
   - A Si fuéramos al cine, ¿me comprarías palomitas?
   - B Si íbamos al cine, ¿me comprabas palomitas?

3. Si je me laissais pousser la barbe, tu m'aimerais ?
   - A Si me dejaría la barba, ¿me querrás?
   - B Si me dejara la barba, ¿me querrías?

4. Si vous vous mettiez d'accord, nous gagnerions du temps.
   - A Si os pusierais de acuerdo, ganaríamos tiempo.
   - B Si os pusieseis de acuerdo, ganaremos tiempo.

5. S'ils vous disaient la vérité, vous ne les croiriez pas.
   - A Si os digan la verdad, no los creeréis.
   - B Si os dijeran la verdad, no los creeríais.

6. Si vous lisiez les journaux, monsieur, vous le sauriez.
   - A Si leería los periódicos, caballero, lo supiera.
   - B Si leyera los periódicos, caballero, lo sabría.

Verbes ÚTILES

asistir	*assister*
comer el coco	*prendre la tête, gonfler* (**el coco,** *la noix de coco*, désigne argotiquement *la tête*).
emocionar	*émouvoir*
prometer	*promettre*
recomendar	*recommander*. V. à diphtongue.

Module 29
ÚTILES

Dar...

asco	*dégoûter*
gusto	*faire plaisir*
pereza	*donner la flemme*
rabia	*faire enrager*
sed	*donner soif*
vergüenza	*faire honte*

Spectacles, théâtre et cinéma

director/a	*metteur en scène*
el ensayo	*la répétition*
el escenario	*la scène* (lieu où se trouvent les acteurs)
el estreno	*la première d'une œuvre*
entrada	*place*, *billet*, *entrée*
escena	*scène* (moment, cadre de l'action)
espectáculo	*spectacle*
guion	*scenario*
guionista	*scénariste*
interpretación	*interprétation, jeu de l'acteur*
la actuación	*le jeu de l'acteur*
la fila	*le rang*
la peli	*le film* (diminutif)
localidad	*place de spectacle*
obra	*œuvre*
ópera	*opéra*
palomita de maíz	*pop-corn*
rollo	*navet* (mauvais film), *salades* (histoires inintéressantes)

Module 29
CORRIGÉ

ESENCIALES

PAGE 280

Adjectif et substantif

1 B 2 B 3 C 4 B 5 C 6 B 7 A 8 A 9 C 10 B 11 C 12 B

PAGE 281

Faux amis

1 B 2 B 3 C 4 A 5 A 6 C 7 A 8 B

Au spectacle

1 B 2 A 3 B 4 C 5 B 6 A C 7 B 8 C

PAGE 282

Exprimer des ressentis physiques

1 A 2 F 3 D 4 E 5 B 6 C

PAGE 283

Exprimer des ressentis psychologiques

1 E 2 F 3 A 4 D 5 B 6 C

PAGE 284

Constructions de la tournure ***Dar*** + expression d'un ressenti

1 A 2 B 3 B 4 A 5 B 6 A

La concordance des temps

1 A 2 B 3 B 4 A 5 B 6 B

1 B C 2 A 3 B 4 A 5 B C 6 C

1 B 2 B 3 A 4 A 5 A 6 A

PAGE 287

L'irréel du présent

1 A 2 A 3 B 4 A 5 B 6 B

VOTRE SCORE :

Vous avez obtenu entre 0 et 14 ? ¡Ay, ay, ay!

Vous avez obtenu entre 15 et 28 ? Muy justito...

Vous avez obtenu entre 29 et 42 ? No está mal, pero...

Vous avez obtenu entre 43 et 56 ? Enhorabuena.

Vous avez obtenu 57 et plus ? ¡Eres un auténtico fenómeno!

Module 30
ESENCIALES

Tema Sports et activités physiques

Corrigé page 300

Dites quel est le nom espagnol des sports suivants.

1. basket-ball
   (A) baloncesto (B) cestobol (C) cestabol

2. hand-ball
   (A) manobol (B) balonmano (C) manobola

3. base-ball
   (A) béisbol (B) bolabase (C) basabola

4. boxe
   (A) bóxing (B) boxa (C) boxeo

5. volley-ball
   (A) voleabol (B) voleibol (C) voleobol

6. escrime
   (A) esgrima (B) escrima (C) sgrima

7. natation
   (A) nadación (B) natación (C) nadamiento

8. football
   (A) fútbol (B) piebalón (C) futebol

9. randonnée
   (A) randóning (B) cámining (C) senderismo

10. tennis
    (A) tenis (B) tennis (C) tenís

Corrigé page 300

Introduisez dans chaque phrase le verbe qui convient.

1. ¿Vienes a ... un partido de bádminton?
   (A) jugar (B) nadar (C) pescar (D) saltar

2. Voy a ... la maratón de Nueva York.
   A bucear B correr C escalar D esquiar

3. Este año voy a aprender a ... con escafandra y botellas.
   A bucear B correr C escalar D esquiar

4. Prefiero ... en altura que en longitud.
   A jugar B nadar C pescar D saltar

5. En invierno voy a ... a Sierra Nevada.
   A bucear B correr C nadar D esquiar

6. Hay que ser muy buen alpinista para ... un ocho mil.
   A bucear B correr C escalar D esquiar

7. Mi deporte favorito es ...: ¡puedes practicarlo sentado!
   A jugar B nadar C pescar D saltar

8. Prefiero ... en una piscina que en el mar.
   A jugar B nadar C pescar D saltar

Tema Géographie et paysages

Complétez chaque phrase avec le nom du point cardinal qui convient.

Corrigé page 300

1. No sé quién soy, he perdido el ...
   A norte. B sur. C este. D oeste.

2. El sol se pone al ...
   A norte. B sur. C este. D oeste.

3. Nueva York está en la costa ... de Estados Unidos.
   A norte B sur C este D oeste

4. Andalucía es la región más al ... de España.
   A norte B sur C este D oeste

Module 30
ESENCIALES

Donnez la fin du mot tronqué en choisissant entre l'une des syllabes proposées.

Corrigé page 300

1. Me gusta pasear por el bos...

   A ...ano. B ...ba. C ...bol. D ...la.

   E ...o. F ...po. G ...que. H te.

2. Me encanta dormir la siesta a la sombra de un ár...

   A ...ano. B ...ba. C ...bol. D ...la.

   E ...o. F ...po. G ...que. H ...te.

3. Prefiero pasar las vacaciones en el cam...

   A ...ano. B ...ba. C ...bol. D ...la.

   E ...o. F ...po. G ...que. H ...te.

4. ¡Mira cómo comen hier... las vacas!

   A ...ano B ...ba C ...bol D ...la

   E ...o F ...po G ...que H ...te

5. Estoy harto de la ciudad, ¡me voy a vivir a una is... desierta!

   A ...ano B ...ba C ...bol D ...la

   E ...o F ...po G ...que H ...te

6. Dicen que hay lobos en el mon...

   A ...ano. B ...ba. C ...bol. D ...la.

   E ...o. F ...po. G ...que. H ...te.

7. Si vas a Cádiz, podrás hacer surf en el Océ... Atlántico.

   A ...ano B ...ba C ...bol D ...la

   E ...o F ...po G ...que H ...te

8. Voy a pescar al rí..., ¿vienes?

   A ...ano B ...ba C ...bol D ...la

   E ...o F ...po G ...que H ...te

Donnez le début du mot tronqué en choisissant entre l'une des syllabes proposées.

Corrigé page 300

1. Dicen que hay un monstruo en este ...go.

   A are... B cie... C es... D la...
   E lu... F o... G ori... H pla...

2. Detesto viajar en barco cuando hay ...las.

   A are... B cie... C es... D la...
   E lu... F o... G ori... H pla...

3. El mar es peligroso: quédate en la ...lla.

   A are... B cie... C es... D la...
   E lu... F o... G ori... H pla...

4. ¡Qué azul está el ...lo hoy!

   A are... B cie... C es... D la...
   E lu... F o... G ori... H pla...

5. ¿Hacemos un castillo de ...na?

   A are... B cie... C es... D la...
   E lu... F o... G ori... H pla...

6. ¡Cómo brilla la ...na!

   A are... B cie... C es... D la...
   E lu... F o... G ori... H pla...

7. Algunas noches de verano, se pueden contar las ...trellas.

   A are... B cie... C es... D la...
   E lu... F o... G ori... H pla...

8. ¿Vamos a la ...ya?

   A are... B cie... C es... D la...
   E lu... F o... G ori... H pla...

Module 30
ESENCIALES

Tema Parler du temps qu'il fait

Reformulez ces prévisions météorologiques au moyen d'un adjectif.

Corrigé page 300

1. Habrá bastantes nubes. El cielo estará ...
   A nubado. B nublado.
2. Se prevé un cielo totalmente azul. El cielo estará...
   A despejado. B despejoso.
3. Habrá muchísimas nubes. El cielo estará ...
   A cubierto. B cubrido.
4. Las temperaturas no serán ni calientes ni frías. Tendremos un tiempo ...
   A templante. B templado.
5. Lloverá. Se anuncia un tiempo ...
   A lluvioso. B enlluviado.
6. Habrá sol en todas partes. Tendremos un tiempo ...
   A ensoleado. B soleado.
7. Se esperan temperaturas muy altas. Se espera un tiempo ...
   A calente. B caluroso.
8. Soplarán fuertes vientos. El día será muy ...
   A ventoso. B vientoso.
9. Nevará durante la noche en el norte. El norte del país amanecerá ...
   A nevado. B ennevado.
10. Helará en todo el país. Persistirá un ambiente ...
    A heloso. B helado.

Tema La tournure concessive « quoi que... », « qui que... », « où que... »

Complétez la tournure concessive, en fonction du sens de la phrase.

Corrigé page 300

1. Digas ... digas, no me convencerás.
   A como B cuando C donde
   D lo que E quien

2. Paséis por ... paséis, es un viaje largo.
   A como B cuando C donde
   D lo que E quien

3. Vengas ... vengas, aunque sea tarde, te abriré la puerta.
   A como B cuando C donde
   D lo que E quien

4. Salgas con ... salgas, si lo quieres, no me importa.
   A como B cuando C donde
   D lo que E quien

5. Juegues ... juegues, bien o mal, te queremos en nuestro equipo.
   A como B cuando C donde
   D lo que E quien

Tema *Hacer* et *echar*

Complétez les phrases avec une des deux propositions.

Corrigé page 300

1. Has ... bien en venir.
   A echo B hecho

2. Te ... de menos.
   A echo B hecho

3. He ... de menos España.
   A echado B hechado

4. ... una carta al buzón.
   (A) Echo (B) Hecho

5. ¿Qué pelis ...?
   (A) echan (B) hechan

6. Eso está ..., no te preocupes.
   (A) echo (B) hecho

7. ... una siesta y luego voy a verte.
   (A) Echo (B) Hecho

8. ¿Por qué no me has ... caso?
   (A) hecho (B) hechado

Tema Le verbe *caber*

Cochez la bonne traduction de ces phrases.

Corrigé page 300

1. Je ne rentre pas dans ce costume.
   (A) No cabo en este traje.
   (B) No quepo en este traje.

2. Nous ne tenons pas à quatre dans cette voiture.
   (A) No cabemos cuatro en este coche.
   (B) No quepamos cuatro en este coche.

3. Ce fauteuil ne tiendra jamais dans le salon.
   (A) Este sillón no cabrá nunca en el salón.
   (B) Este sillón no cuprá nunca en el salón.

4. Ses chaussures n'ont pas tenu dans l'armoire.
   (A) Sus zapatos no cupieron en el armario.
   (B) Sus zapatos no cabieron en el armario.

5. N'aie aucun doute.
   - (A) No te cabe la menor duda.
   - (B) No te quepa la menor duda.

6. Je ne crois pas que les valises tiennent.
   - (A) No creo que quepan las maletas.
   - (B) No creo que cupan las maletas.

Tema L'irréel du passé

Cochez le couple de verbes qui donne un sens cohérent à chaque phrase. Il peut y avoir plusieurs réponses exactes.

Corrigé page 300

1. Si ... descansado, ahora no ... sueño.
   - (A) habías / tendrías
   - (B) hubieras / tendrías
   - (C) hayas / tendrás
   - (D) habrías / tuvieras

2. Si no ... encendido un fuego, no ... habido un incendio.
   - (A) hayáis / hubiera
   - (B) hubierais / habría
   - (C) hubierais / hubiera
   - (D) habíais / hayáis

3. Si ... llegado antes al albergue, ... tenido una cama.
   - (A) hubieran / habrían
   - (B) hubieran / hubieran
   - (C) habrían / hubieran
   - (D) habían / habían

4. Si ... veraneado en la playa, ahora ... tomando el sol.
   - (A) habríamos / estaríamos
   - (B) hubiéramos / estábamos
   - (C) habríamos / estuviéramos
   - (D) hubiéramos / estaríamos

5. Si me ... escuchado, no nos ... equivocado de camino.
   - (A) hubieras / hubiéramos
   - (B) habrías / hubiéramos
   - (C) hayas / habíamos
   - (D) hubieras / habríamos

6. Si no ... llovido, ya ... llegado.
   - (A) hubiese / habríamos
   - (B) hubiera / habríamos
   - (C) hubiese / hubiéramos
   - (D) hubiera / hubiéramos

Module 30
ÚTILES

Verbes

amanecer	*se lever* ; impersonnellement, en parlant du jour (**Amanece**, *Le jour se lève*) ; personnellement, en parlant de ce qui se passe au lever du jour (**Amanezco cansado**, *Je suis fatigué au réveil*).
bucear	*plonger, faire de la plongée*
caber	*tenir, rentrer* (dans un espace)
echar de menos	*regretter* ; **~ una mano**, *filer un coup de main* ; **~ una peli**, *projeter un film* ; **~ una siesta**, *faire une sieste*
encender	*allumer*. V. à diphtongue.
escalar	*escalader*
hacer caso	*écouter*, *prêter attention*
helar	*geler*. V. à diphtongue.
jugar	*jouer*. V. à diphtongue.
llover	*pleuvoir*. V. à diphtongue.
nadar	*nager*
nevar	*neiger*. V. à diphtongue.
persistir	*persister*
pescar	*pêcher*
practicar	*pratiquer*
prever	*prévoir*
saltar	*sauter*
ponerse	*se coucher* (pour le soleil)
soplar	*souffler*
veranear	*passer l'été*

Géographie et paysage

árbol	*arbre*
la arena	*le sable*

el bosque	*le bois, la forêt*
el campo	*la campagne*
cielo	*ciel*
estrella	*étoile*
hierba	*herbe*
isla	*île*
lago	*lac*
luna	*lune*
el monte	*le mont, la montagne*
océano	*océan*
la orilla	*le bord, la rive, la berge*
playa	*plage*
el río	*le fleuve, la rivière*

Le temps, le climat

caluroso	*chaud*
cubierto	*couvert*
despejado	*dégagé*
helado	*gelé*
lluvioso	*pluvieux*
nevado	*enneigé*
la nube	*le nuage*
nublado	*nuageux*
soleado	*ensoleillé*
templado	*tempéré*
ventoso	*venteux*
viento	*vent*

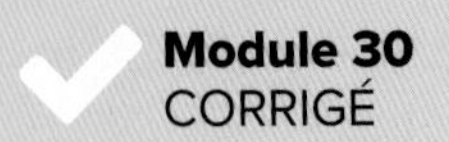

Module 30
CORRIGÉ

ESENCIALES

PAGE 290

Sports et activités physiques

1 A 2 B 3 A 4 C 5 B 6 A 7 B 8 A 9 C 10 A

1 A 2 B 3 A 4 D 5 D 6 C 7 C 8 B

PAGE 291

Géographie et paysages

1 A 2 D 3 C 4 B

1 G 2 C 3 F 4 B 5 D 6 H 7 A 8 E

1 D 2 F 3 G 4 B 5 A 6 E 7 C 8 H

PAGE 294

Parler du temps qu'il fait

1 B 2 A 3 A 4 B 5 A 6 B 7 B 8 A 9 A 10 B

PAGE 295

La tournure concessive « quoi que... », « qui que... », « où que... »

1 D 2 C 3 B 4 E 5 A

Hacer **et** ***echar***

1 B 2 A 3 A 4 A 5 A 6 B 7 A 8 A

PAGE 296

Le verbe ***caber***

1 B 2 A 3 A 4 A 5 B 6 A

PAGE 297

L'irréel du passé

1 B 2 B, C 3 A, B 4 D 5 A, D 6 A, B, C, D

Vous avez obtenu entre 0 et 14 ? **¡Ay, ay, ay!**

Vous avez obtenu entre 15 et 29 ? **Muy justito...**

Vous avez obtenu entre 30 et 44 ? **No está mal, pero...**

Vous avez obtenu entre 45 et 59 ? **Enhorabuena.**

Vous avez obtenu 60 et plus ? **¡Eres un auténtico fenómeno!**

Dépôt légal : mai 2019
N° d'édition : 3867
ISBN : 978-2-7005-0833-8

Achevé d'imprimer en Slovénie par
DZS Grafik - mai 2019

www.assimil.com